suncolor

以太，
下一波贏家

第 一 本 以 太 幣 的 投 資 專 書

吳紹綱 Raymond Wu 著

suncolor
三采文化

請先拋開你過去的「習以為常」、
舊有的「安全思維」，
用全新的狀態來閱讀這本書。

「跟以太坊交個朋友，品嚐價值觀破壞重建的過程」

——NFT 收藏家 Ryan Wu 吳冠宏

沒想到這麼快又能為 Raymond 的新書撰寫推薦序。從他這不尋常的出書速度，我們可以很合理的懷疑，他一定有什麼好料想趕快跟大家分享，深怕錯過了最佳時機！

與上一本書一樣，這次我也是在拿到書稿的當下馬上就看完整本書。但事實上我可能一頁也不用看也能寫這篇推薦序，因為這段擁抱新世界的旅程我們大多是一起走過的。不過同時我也很驚訝 Raymond 能夠用這麼淺顯易懂的方式呈現旅途中的每個關鍵，我看完的第一個反應就是：「我一定要拿給我媽媽看，這本書一定能幫她輕鬆瞭解以太坊！」

「一開始，我也不買單」，每一個熱愛加密貨幣的人，看到書中這句話可能都會笑出來，因為大家都有這個共同的經驗：「那種沒有真實價值的投機玩意兒，我才不想碰。」

我第一次接觸以太幣是好幾年前的事，當時是朋友說買了以太幣就能參加網路上的遊戲，便隨意買了幾顆。後來遊戲結束不玩了，我第一個念頭就是趕快把它都換回台幣，因為覺得這東西就是空的，沒價值。沒想到我連怎麼換回台幣都不會，只好把它全部換成比特幣，然後一直放在交易所內。

這一放就是三、四年，中間的過程我的投資重心一直在股票上，身為巴菲特的忠實信徒，我始終覺得那些幣就是空的東西。直到去年初，在 Raymond 的推薦下，我才重新又碰觸比特幣。起初只是想買了放著，但看 Raymond 很認真在研究，我也決定多做點功課。沒想到這功課做下去，一發不可收拾，每天我的腦中都進行著各種

劇烈的典範轉移。我突然覺得先前的自己好傻。不是因為錯過了低價的比特幣覺得傻；而是對於先前沒來由的看衰加密貨幣感到愚蠢。原來我只是反覆地拿我的偏見在評價我不懂的新事物，而不是真正在思考。

正因為我也經歷過「一開始，我也不買單」，現在我遇到「還沒買單」的朋友，我都會多說兩句。（不過以後更簡單了，直接送這本書給他們！）

「智能合約，開啟一切可能」，正如書中所說，以太坊因為智能合約而開啟了無限可能。DeFi、NFT、DAO……各種有趣的概念正持續被開發當中。雖然 Raymond 在書中已解釋得很清楚，但在這邊還是想雞婆提醒一下，你幾乎不可能在沒有實際使用過以太坊的狀態下理解這一切，親身感受是絕對必要的。

我這麼說並不是在建議你抱著賺大錢的心態馬上投資以太幣，反而恰恰相反。拿一點不影響

生活的錢動手試試，才是正確的開局姿勢。透過
與智能合約互動，感受一下新世界的運作方式，
細細品嚐這種價值觀破壞重建的過程，其實是件
挺享受的事。

我想這也是為什麼 Raymond 還特別在本書放
入心態與新手提醒的內容，那些章節絕對適合剛
入門的人多看幾遍。因為幣圈中時不時聽到的暴
富故事容易讓人迷失，一不小心就會曝露過大的
風險而跌倒。若是因此對加密貨幣的世界失去熱
忱，失去了近距離體驗革命的機會，恐怕是更大
的損失。

聽說全台灣有八成以上的人還沒有接觸過加
密貨幣或 NFT。今天你有緣拿著這本書，不妨就
敞開心胸，跟以太坊交個朋友，體驗看看它的迷
人之處。如果你跟以太坊已經熟識，你也可以跟我
一樣，開始用這本書讓更多人成為以太坊的朋友！

「找出優勢產生的點，並主動創造優勢的 Raymond Wu」

——雋寬資本創辦人 **張君銘**

很榮幸能為 Raymond 的新書寫推薦序，拿到書稿後，Raymond 通順活潑的文筆，讓我很輕易地對以太坊的認識及思考加深了不少。

讀完書稿後的第一件事——我默默地打開手機，找到狐狸錢包12個助記詞的手機截圖，我馬上再開了一個新錢包，用一張紙小心仔細地寫下新的助記詞，鎖進保險箱。感謝 Raymond 的提醒、感謝上天——我的杰倫熊還在！

讀這本書的時候，除了以太的相關知識外，引起我注意的還有 Raymond 面對人生的決策方式。不管是成為職業的德洲撲克玩家，或是投資

數位貨幣，Raymond 不斷提醒自己要挑戰多數人的「習慣」及「應該」，這在金融商品的交易世界也是一樣的，大家認為合理應該的事情、大家也都這麼做了，但這樣的投資或交易，多數就沒有優勢了。「優勢的產生」會在多數人不認同或不知道的地方，所以從德州撲克到加密貨幣，Raymond 給的第一個建議都是挑戰自己的「習慣」和「應該」，先懷疑自己的習慣後，再開始用力地、深度地學習。

在德州撲克的學習上，Raymond 加入德撲的討論網站、主動提出問題，在每一個層級中，也肯比其它競爭者付出更多的學習費用，甚至上了 1 個多小時要 10 萬美金的課程！因為先前的努力及投資，Raymond 在德州撲克短牌流行的潮流中才能拿到巨大的優勢！

面對加密貨幣時，Raymond 一樣先大量地閱讀及盡可能地接觸 —— 從貨幣的原理到各大

Podcast。有了基本知識後，再選出值得長期追蹤的學習目標，最後和 Ryan 共同創立 FOMO Dog Club，把自己綁定在產業訊息的傳遞鏈上，進而創造更多投資優勢。

第三個重點是面對賠錢的心態及作法。Raymond 在德州撲克的訓練讓自己面對虧損時能專注在那些自己能做得更好的部分，那些部分是自然的概率一定會面對到的。讓自己專注在能做得夠好的部分，就能在一次一次的低潮過後越來越進步，這樣的成長方式其實和我做金融商品的投資或交易是一樣的，不管怎麼努力，我們終究不是全知全能，都有某個程度的隨機，但也有一定可以進步之處，專注在找出可進步之處去改進、提升自己未來的優勢，才是最好的應對方式！

我認為這本書寫的不只有以太，更多的是在人生中如何發現優勢，掌握並主動創造更多優勢SOP！人生能有 Raymond 這樣的好友深感榮幸！

「優勢人生的優勢新書，帶領我們開拓優勢下半生！」

——台灣 Top#1 科技類 Podcast《寶博朋友說》主持人 **葛如鈞**

剛拿到 Raymond 的新書《以太，下一波贏家》書稿，不翻則已，一翻就欲罷不能。原先我以為自己是區塊鏈世界的傳教士，什麼以太坊智能合約、發行歷史、金融產業滲透率、DeFi 2.0 應該早就朗朗上口，哪裡不是一清二楚？然而讀畢此書，我才驚覺原來有許多細節和要素是我一直以來缺乏的，而這本書佛心到底地通通將它們給補上，使得我對以太的信仰又更加堅定了！

有時候難免羨慕一個人的能力超前自己，然而

面對 Raymond 和他的新書，實在已經超出了一般的羨慕，而是恨不得自己能夠變成他！怎麼能有人如此帥氣的同時，寫書的速度還能夠如此之快，文筆如此流暢，一如對著讀者親切地說著話、解釋著複雜難懂的新世界。其中提到一些事物的方向判準，又充滿了決策上豐富的細節要素，一個不漏；例如講到以太坊的占有率，他很用心地挑出全球金融業的產值有多少、去中心化金融的產值有多少，以及目前為止以以太坊為主體的元宇宙產值有多少，非常理性地說明、比較，甚至用期望值的方法，來分析投入以太坊的勝率究竟有多高。

又如，過去我在說明政府監管和安全性議題時，多半回答「以太坊有『數以千萬計』的節點在幫忙同步和保管帳本」，所以應該很安全不必擔心，而 Raymond 則硬是花了時間去查出來目前的節點就是 30 萬個，書中像這樣關於數字、日期、文

字定義等等的細節俯拾即是，儼然是本書一大特色。

　　我相信無論這本書對於新手還是老司機，肯定會是一本建立信仰、增加信仰，或者說補足以太坊正確細節知識的一本好書。估計每天在 FOMO Dog 網聚和線上 AMA 時要是沒看到 Raymond，那大概都是他在瘋狂吸收、查證和閱讀知識的時候吧！如今我們能夠透過一本書來流暢吸收 Raymond 幫我們細心翻譯以太坊世界的知識話語，這真要比買了幾個藍籌 NFT 都還更值得！更何況，若是本書定價用以太世界的扭曲價值觀來看，簡直只是交易手續費的零頭，真是太划算也太感謝！

　　當下正值台灣與全球華語世界移民轉戰元宇宙的契機點，我們能有 Raymond 這個好作者兼好朋友，真是再買幾隻 FOMO Dog 支持也不為過（當然不是投資建議）！期待更多人能像我一樣，藉由他的眼界及口語，一同開拓優勢下半生！

「看準機會，迅速出手」

　　我去年才出了一本《致富強心臟》，完全沒有想到一年後會再出一本書，而且內容還是關於加密貨幣裡面的以太幣。我先說，我不是一個資工技術派的人，但是我下了很多功夫去理解以太坊的本質。我認為以太坊在將來發展的大概率會是正向的，我也認為區塊鏈這個科技已經不會回頭，而以太坊就是目前最強的鏈。我希望能透過這本書讓更多人認識它，並用最簡單的方式來解釋一個看起來非常複雜的科技。

　　過去 15 年我是一位職業德州撲克選手。昔日的專長讓我可以很有效率地聚焦在有用跟可控的資

訊上。德州撲克可以說是一個類似拼圖的遊戲，對手在每一輪的每一個動作都代表著一片拼圖，他的表情變化也是。在一把牌的過程中，我會蒐集所有拼圖，快速刪去沒用的、保留有參考價值的，然後在看見接近完整的畫面後做出一個賺錢的決定。

如今，加密貨幣的資訊爆炸性成長，我看見許多人花非常多心思在研究跟思考相對不重要或是不可控的資訊。我們舉個簡單的例子。如果回到 1999 年，當年大家都認為網際網路會改變世界，亞馬遜之後會很厲害，那麼身為一個以賺錢為目標的投資人，你需要在意的是什麼？說白了，你只需要知道亞馬遜有很高的機率會發展得很好，你不需要知道它背後的網站是怎麼寫的、物流如何處理……。那些都是貝佐斯的問題，不是你的問題。

再回到以太坊來看，如果你問我，以太坊會不會被其他區塊鏈取代？我可以跟你說我不知道，我

也可以告訴你沒有人知道。我們花再多的時間跟精神來探討這個話題都不會有答案。對我來說，過度糾結在上面這種問題就是在消耗你有限的時間與心神。

我擅長的是評估各選項的風險，對比報酬後，做出一個正期望值的決定。我們最需要聚焦的事情就是擬定自己的投資策略。你擔心以太幣波動大？那可以選擇不參與或是小小地配置就好。你擔心以太坊被取代？那可以配置一些其他的鏈來買點保險。這些都是可控行為。我們要把精神花在自己可以控制的事情上，這樣才有效率，這樣才會進步。

最後，我想要感謝身邊的許多人協助我完成這本書，感謝三采的同仁們非常用心地跟我對這麼多次稿，把一個相對難的話題用簡單的方式呈現。我可以看得出來他們對這本書非常有熱誠！這邊也要特別給 FOMO Dog Club 的團隊跟狗友們一個

shoutout，有你們每天一起研究跟討論讓我進步了非常多！

我也想要感謝我的父母跟家人，對於我總是做一些他們很難理解的工作給予包容跟支持。最後要感謝我的太太，在我開始研究加密貨幣後，時間都被占掉了；而且寫書的時候我會要求整個家裡不能有半點聲音！她總是很支持我、配合我。這本書我一個人是無法完成的，非常感謝所有參與的夥伴！

最後，也非常感謝你購買這本書，一起來理解這個嶄新的世界。我是 Raymond Wu 吳紹綱，until next book……。Signing out ！

目錄 CONTENTS

PART 1

未來已經來了,以太

PART 2

我不需要說服你，事實擺在眼前

PART 3

不論資金多少，都可以參一咖

閱讀前，你該知道的知識

　　我在這本書裡面，想把艱澀難懂的專業術語降到最低，過往讓你頭痛到不行的解釋，都不會出現。區塊鏈、礦工、原生代幣？這些常見的專有名詞，我們先來理解一下。

　　1. 區塊鏈：區塊鏈是一個去中心化、不可修改、公開透明的分散式帳本。去中心化的意思就是沒有單一個人可以隨意修改它。分散式帳本的意思就是上面的資料不會只儲存在一個地方，而是廣泛地散播在世界各地的電腦裡面。這些資料完全透明，任何人在任何時刻都可以去看。而以太坊就是其中一個區塊鏈。

　　2. 礦工：礦工是幫忙區塊鏈記帳的人，也可以稱為「節點」（node）。節點其實就是一台設備（高階顯卡），上面存有區塊鏈（例如以太坊）的資料。

你常常聽到有人在「挖礦」，就是這些人用特定的設備幫區塊鏈記帳，然後換取獎勵。在區塊鏈機制的運作下，礦工會全體一起合作，讓正確的資料存在這個帳本上面，同時擋掉偽造、冒充的交易資訊，維護以太坊的安全。

3. 原生代幣：比特幣是比特幣區塊鏈上面使用的原生代幣，以太幣則是以太坊區塊鏈上的原生代幣。有些人會把以太幣稱為「燃料幣」，因為在以太坊上面做任何的交易都要支付以太幣，而這筆費用俗稱「gas fee」（瓦斯費），我們可以理解成手續費。在區塊鏈的世界裡，人們不是用新台幣或美金來支付手續費，而是用原生代幣。

有了這些基礎知識，讓我們開始用輕鬆的方式來認識以太幣吧。

※免責聲明：本書內容純屬個人看法，僅供參考，不構成投資建議，若有投資考量，請留意相關風險。

PART 1

未來已經來了，
以太

HODL ETH

1 挑戰自己原本的 習慣與應該

進入德州撲克的每一天,我都在鍛鍊自己的心志,不讓盲點成為信念;而我對加密貨幣從懷疑到投入,一次又一次地用理性挑戰人性、跳脫固有的框框。曾經,我也被慣性思維凌駕,成了賣掉比特幣的白痴……。

♦ 從德州撲克遇到加密貨幣

我們每個人都會有習慣。好的習慣能幫助我們更有效達成自己的目標，讓生活過得更好。投資理財也是一樣的事情。想要發財賺大錢，就必須建立好習慣、戒掉壞習慣，例如增加能創造收入的「資產」、減少奢侈消費這類「負債」。

關於賺錢的好習慣，我在《致富強心臟》裡面已經分享了不少，網路上或其他的書也有很多資訊。這裡只想強調一點：對於致富有幫助的好習慣，也包含你要敢於跳出框框重新思考，挑戰自己習慣的那些「理所當然」。

我認為，人生最好的機會都是留給勇敢面對新事物的人。

這個跟這本書要談的加密貨幣 —— 更具體來說是以太幣 —— 有什麼關係？這是因為，加密貨

幣從問世到現在才經過十幾年，相較於我們平常習慣的錢（上千年前就有「錢」這種東西了），或是已經存在幾百年的股票、期貨，還是一個非常新的概念。大多數人只要接觸到原本認知框架外面的東西，出於不瞭解，往往在還沒有研究相關的資料、數據之前，就先入為主地覺得新東西看起來很怪、很可怕，甚至沒必要存在。

　　讓我分享一下自己的經歷。首先，提到「加密貨幣」，你會想到什麼？很多人大概會想到「比特幣」、「狗狗幣」，或是腦中第一時間會冒出「詐騙」、「炒作」、「泡沫」、「太貴」、「龐氏騙局」這類字眼，像一些加密貨幣社團的留言就常常出現這些關鍵字。這跟我打德州撲克時，看到滿多評論會說打牌是「賭博」、「靠運氣」、「不正經」、「黑幫」、「作弊」等非常類似。

實際上，我最初接觸加密貨幣的時候，想法也沒有差多少；但是到了現在，加密貨幣已經是我資產配置裡面最重要的一部分，其中的「以太幣」（ether，代碼為 ETH）更是占比最高的資產。這個從「不懂、看衰」到「相信、看好」的轉變是怎麼來的？事情要從德州撲克圈說起。

♦ 一開始，我也不買單

德州撲克圈其實是一群很願意接觸新事物的人，基本上有機會賺錢的地方，大家就會往那裡去。在 2013 年的時候，我身邊有一群人開始玩比特幣，當時的比特幣 1 顆是 90 美金。那時候我有點好奇，覺得應該去看一下這東西到底是什麼，所以買了第一本比特幣的書——《貨幣之王比特

幣》。讀完之後，雖然心裡覺得比特幣好像真的很厲害，但我對它並不是很買單。

第一、從書的內容來看，比特幣讓你可以自己掌管自己的資產，國家與政府都沒有辦法去管你的比特幣、沒辦法查封你，這麼 powerful 的東西，美國政府、中國政府、印度政府或是俄羅斯政府，怎麼可能讓這種情況演變下去？所以我認為這東西太強了，各國政府不可能允許比特幣成為一個不受監管、自由流通的貨幣，其他的加密貨幣就更不用說了。

第二、我那時候在德州撲克賺到一筆錢後，開始思考要怎麼用來創造被動收入。當時我以巴菲特當作投資指引，看了他的所有東西。巴菲特會先找出財報健全、前景看好的公司，計算出它股票的合理價值，再去對比市場上的價格，並在低於市價的時候買進、高於市價的時候賣出。

這種投資邏輯跟德州撲克的思維蠻像的。當我拿到一副牌後會評估它的勝率，再比對後續發牌還有對手下注的狀況，如果勝率高於我心中設定的標準，就繼續出擊；相反地，當勝率低於這個標準，就採取守勢。

　　巴菲特的這套方法經過實戰也證明有效，讓我在很多支基本面非常好的股票的早期就順利進場。比如說美股，我差不多在股價 25 美元的時候買了蘋果；或是台股，我在 160 元左右買了台積電。當我看好一間公司的長線價值時，會等待機會買進後放著，只要基本面沒有變，就不管它今天明天後天的股價發生什麼事情。這樣一來，我的時間可以拿來打牌、做其他事情，既省事又高績效。

　　因為這樣，我成了忠實的巴菲特信徒，在價值投資方面，我完全相信他。當然，我也看了他

和投資夥伴蒙格（Charles Munger）對比特幣的看法，但他們兩個那時候一致認為，比特幣不像一間好公司那樣可以生產商品、創造價值，因此比特幣就是一場詐騙、是海市蜃樓、是一個泡沫。

在這樣的背景下，我曾經告訴自己，絕對不能碰比特幣，也認為當時身邊碰比特幣的這些人都不懂，他們都是在投機跟亂玩，也就沒有去管它，更沒有「買一點放著」的想法。

到了 2017 年，有些朋友找我合資買設備來「挖礦」。這個「挖礦」不是真的去地下挖金礦、鐵礦，而是一個幣圈術語，指的是用高效能的專業顯卡來協助維持加密貨幣區塊鏈的運作，換取加密貨幣做為獎勵。那時我對加密貨幣還是一知半解，也說不上看好它的前景，只覺得參一咖挖礦，可以跟人家說「我有個礦場」好像滿屌的，所以就挪出資產的小部分，完全抱著參與跟

學習的心態加入。

我們在彰化總共設置了快 3 百台礦機，但不是挖比特幣，而是以太幣。沒想到過不了多久，幣圈就出現了一次大泡沫，以太幣的價格從 1 千 4 百美金跌到 1 百美金，連挖礦的電費都無法打平。

我那時候主張繼續挖下去，但不是出於對以太幣的信仰，而是依據打牌鍛鍊出來的思維所做的判斷。因為我出的錢只占自己總資產的極小部分，況且礦機設備在市場恐慌時的轉手價格一定很差，倒不如賭一把市場反彈的機率，以小博大，頂多輸光這筆錢就是了。不過，朋友考量他們的狀況後決定停損，所以礦場就收起來了。

那次幣價崩盤後，我認為印證了自己之前對以太幣、比特幣這些加密貨幣的想法，也更加深不看好的態度——直到 2020 年 5 月才出現轉變。

♦ 賣掉比特幣的白痴

　　2020 年 4、5 月，全球股市不久前才在新冠肺炎的影響下全面崩盤，比特幣的價格也從 1 萬多美元腰斬。剛好這個時候，我之前的一位德州撲克教練——我曾用一堂課 300 萬元的價碼向他學習，我們之後仍保持交流——突然問我：「Raymond，你有持有比特幣嗎？」我回答：「沒有，這個東西我不懂。」他聽完後說：「我覺得你應該要去持有它，你一定要去研究它，這東西絕對是未來的趨勢。」

　　這個玩家是德州撲克全球前三名的玩家。在德州撲克裡面，你要贏錢已經很難了，而撲克要打到這種程度，在最高等級的牌局中被公認為霸主，我認為只有天才中的天才才辦得到。當時，身邊很多在德州撲克金字塔最頂層的玩家也都在

玩比特幣跟以太幣，有一些人更是很早期就進到比特幣市場中，變成幾十億台幣的這種富翁。因此，我覺得更應該要去瞭解一下，或許有什麼東西是我沒有看到的。

我問這位玩家能不能給我一個方向去研究，他就轉了一個羅‧帕爾（Raoul Pal）的 YouTube 影片給我。帕爾是一名專業投資者、經濟學家、財經媒體創辦人，他曾在高盛擔任避險基金的高階主管，也是極少數成功預測 2008 年全球金融海嘯的人。他的這個影片主要是講「比特幣將會取代黃金，成為下一個全球儲備的貨幣」。

我看了之後覺得他的邏輯非常清晰，似乎非常有道理，所以在 1 顆 5 千美金的時候買了比特幣。到 8、9 月的時候，已經漲到 1 顆 1 萬 5 千美金左右，我就全部出脫賣掉了，因為短時間內賺 3 倍，這可不是我們一般熟悉的任何投資商品能

輕鬆做到的事。

後來，比特幣漲到 1 顆 2 萬多的價格。在又一次的對話中，這位玩家突然問我比特幣的持有狀況，我說已經賣掉了，他回我：「你這樣真的太白痴了，你怎麼會賣這種東西？」他叫我再去研究。

那次被天才中的天才唸了之後，深感自己格局不夠，於是我開始每天鑽研加密貨幣。

◈ 踏入幣圈，遇見以太坊

剛開始，只要是跟比特幣、加密貨幣相關的書或影片、Podcast，不管是中文還是英文，我通通都去接觸、吸收。其中有一本書寫得非常好，叫做 *The Bitcoin Standard*（中文版是《比特幣標

準》）。作者是一個奧地利經濟學派的教授，名叫埃瑪斯（Saifedean Ammous），他也是研究比特幣的專家。

這本書講了很多貨幣交易的歷史，包括以前的人會用鹽、貝殼、大塊石灰岩等當成貨幣，就像我們現在拿紙鈔、硬幣去買香蕉、蘋果那樣。它也談到了現代的貨幣，像是新台幣、美元等，本身可說是沒有實質用途，而是靠著一國的法律去規定它的價值（所以稱為「法幣」），透過政府背書讓人民願意接受使用。然而，法幣出現後，政治人物為了贏得選票或紓困、刺激經濟，常常主張印鈔撒錢，造成通膨問題，讓法幣的價值逐年下降。

2008 年金融海嘯爆發後，美國政府更是帶頭瘋狂 QE（量化寬鬆）。有一批人就對這樣的法幣系統很不爽，其中一個就是真實身分成謎、暱稱

為中本聰（Satoshi Nakamoto）的傢伙，有些人甚至認為「中本聰」其實是一群人共用的代稱。不論如何，中本聰提出了加密貨幣的構想，比特幣區塊鏈也在 2009 年 1 月正式上線，並吸引越來越多人使用。經過幾年發展下來，比特幣的總市值在 2021 年第一季首次突破 1 兆美元，它的規模已經大到成為一個不可逆、在世界占有一席之地的資產了。

　　讀完這本書之後，我有種恍然大悟的感覺。我一生中一直在追求的財富是美金跟新台幣，但是我仔細思考後開始懷疑，我用有限的時間跟精神去換一個可以大量增加發行、穩定貶值的貨幣，是對的選擇嗎？當我意識到這個問題，也對加密貨幣改觀之後，開始產生信心踏入幣圈。

　　起初我只購買比特幣，但常常聽周邊的前輩說以太幣才是未來，於是我開始研究它和以太坊

（Ethereum）。我原本並沒有特別大的興趣，但是當我發現在以太坊放貸美金活存的年化報酬率可以達到 21%，我就完全心動了！

21%？我有沒有看錯？不會是詐騙吧？

因為實在很好奇，我問了身邊比較有經驗的朋友，他直接跟我說「區塊鏈現在就是這樣！」於是我就一邊存了一點美金進去，一邊瞭解這個以太坊到底是什麼，沒想到這一看下去真是不得了。以太坊的應用與潛力幾乎多到說不完，也讓我對加密貨幣「以太幣」相當看好。

你可以把以太坊想像成一台超級電腦，全世界共用，然後可以有各式各樣不同的應用，包括：去中心化金融體系（區塊鏈銀行）、數位藝術創作（NFT）、遊戲化金融（GameFi）以及元宇宙等。

如果說，比特幣距離趕上黃金的地位，至少

還有 13 倍以上的漲幅，那麼只要以太坊發展順利，以太幣的報酬天花板很可能比比特幣還要高出許多！

隨著我繼續研究，當暸解得更多，就越來越確定以太幣一定要在我的資產配置裡面。而且，我還要持續提高它的比重，直到以太幣成為我資產配置裡最大的部位。

•加密貨幣虛幻，法幣真實？──以比特幣為例

不少人會覺得加密貨幣沒有內在價值，只是在網路上無中生有的虛幻東西。但說穿了，法幣也沒有內在價值，如果人民對於發行的國家的信用失去信心，做為法幣的這些紙鈔就真的只是一張一張的紙而已。極端狀況像是一個國家打仗輸了，那它的法幣也會直接歸零。

在台灣或美國，法幣在短時間內相當穩定，今天一碗滷肉飯 50 元，明天也還會是 50 元，所以大家比較無感。但

包含土耳其、阿根廷、奈及利亞在內的這些國家就不是這個樣子，他們的通膨是 30%、50% 在飆；委內瑞拉更誇張，物價一年漲個幾十倍都很常見。這些國家的人民對自己國家的法幣零信任，基本上都用美金或是比特幣交易。

另外，幣圈專家寶博士（葛如鈞）之前曾在 Podcast 訪問台灣區塊鏈新創 Xrex 的創辦人黃耀文，他們提到台商到印度做半導體進口的生意，是用美金跟台積電進貨，再賣給印度人換取不適合長期存放的盧比。由於在印度不容易換到美金，所以這些台商通常直接拿盧比去買咖啡豆之類的原物料，再賣到美國換成美金，最後才匯回來台灣。這個操作非常複雜，但在比特幣出來之後，讓他們像是瞬間找到了一把神奇的鑰匙，不只轉帳更快，還能避開跨國匯兌的匯率風險。

雖然比特幣創建的開始，很多人覺得它會消失，但後來特斯拉、微軟、可口可樂、星巴克、AT&T、蘇富比等企業以及 NBA 球隊獨行俠也都紛紛接受比特幣，中美洲國家薩爾瓦多更是把比特幣列為法幣。到現在，已經有非常多人認可比特幣的價值，對它的存在形成了很強的共識。

2 以太幣，憑什麼成為第二大幣？

以太坊？智能合約？dapp？DeFi？這些名稱乍看很嚇人，但實際上，你不用把自己磨練成資訊工程師也能輕鬆搞懂它們背後的概念。然後你會發現，以太坊的出現為什麼會讓借貸市場振奮，又為什麼會令傳統銀行緊張……。

◆ 如果區塊鏈變成 Apple Store

　　以太坊、以太幣究竟是怎麼來的？話說，當年有一個天才型的俄羅斯裔加拿大人叫做維塔利克·布特林（Vitalik Buterin），現在大家都叫他「V 神」，他在比特幣的社群裡非常活躍。他認為比特幣很讚，但主張應該做一些改良，讓比特幣區塊鏈有更多的應用。

　　不過，當時的比特幣社群不太接受這個想法，所以他就想說：「好吧，我不理你們了，我自己創一個。」因此在 2013 年，才 19 歲的 V 神發表了《以太坊白皮書》，並和一些夥伴在幣圈發起募資，獲得熱烈響應。到了 2015 年，以太坊正式上線。

　　以太坊的願景是做為新一代加幣貨幣與去中心化活動之間的平台，它要成為一種「世界電

腦」，讓大家能在生活中有更多的實際用途，也擁有更多的自主權及隱私，同時可以避免過度受制於大企業，或是像在某些威權國家被政府給打壓。

這樣講完肯定還是很多人「霧煞煞」，我用一個比喻會比較清楚：你可以想像以太坊這整個區塊鏈就像一個 Apple Store 或 Google Play 一樣，它讓世界各地的工程師可以寫各式各樣的 app 放上系統。

不過，以太坊的獨特之處在於它是去中心化的，必須仰賴眾多的礦工才能運作，不是少數幾個人說了算；相對之下，Apple Store 或 Google Play 都是掌握在某一間公司的手中，這些公司的高層擁有很大的權力，可以修改平台的使用規則，甚至可以關閉系統。

◆ 智能合約，開啟一切可能

　　要讓以太坊具備更多的實際用途，就必須放上很多很多的 app。在去中心化的區塊鏈上，app 被稱為 dapp（decentralized app）。而一個 dapp 的背後，就是透過所謂的「智能合約」（smart contracts）來架構的。很多人問我：「什麼是智能合約？」

　　網路上的解釋很多，說法大概會類似這樣：「簡單來說，智能合約是一種區塊鏈上的特殊協定，供人制定合約時使用，其中包含程式碼函式，亦具備能與其他合約進行互動、做決策、儲存資料及傳送加密貨幣等功能。智能合約主要用於提供驗證，並允許在沒有第三方的情況下執行合約內所訂立的條件，而且這些交易不可逆但可以追蹤。」

說實在的，對於我這種沒有資工背景的人來說，這樣的解釋讀起來滿吃力的。儘管如此，我現在還是順利成為以太坊的重度使用者，幾乎每天都在用，不如讓我換個更簡單的方式來比喻：你可以想像一個智能合約就是一部自動販賣機，它的機制已經全部設定好了，你只要按下某個商品鈕、投入上面標示的商品金額，販賣機就會送出一罐飲料或是一包餅乾，整個過程不需要透過店員，也不需要其他中間人來監督或協助。

　　放到以太坊上的智能合約也是公開透明的，而且雖然智能合約都是由程式碼所構成，但從使用者的角度來看，你看到的畫面就是一個正常的網站，智能合約只是背後的技術而已，不用覺得很複雜。

♦ 勢不可擋的以太幣

　　以太幣就是在以太坊這個世界所使用的貨幣，在以太坊上面做任何事情都需要使用它。每當我們進行了一筆交易，譬如說我轉了 1 顆以太幣給你，就需要有礦工運用他的電腦幫忙在區塊鏈上記帳，讓所有人知道「Raymond 的帳戶少了 1 顆以太幣」、「這顆以太幣進到了你的戶頭」，所以每次交易成功時，獲得記帳服務的使用者就必須支付一些以太幣給礦工，而這筆費用就是俗稱的「gas fee」（瓦斯費），白話來說就是手續費。

　　根據以太坊設定的規則，系統會安排礦工優先處理 gas fee 最高的交易，因此 gas fee 的高低會由市場供需來決定。如果一個用戶要求處理的交易需要非常及時完成，比如某專業交易員要做

套利，或是同一時間有很多的用戶想使用以太坊進行交易，gas fee 就會越昂貴。

　　我們可以把以太坊想成是需要收過路費的高速公路，而這個過路費的金額會採取競標的方式，所以尖峰時刻會很貴，或者，如果某個土豪約會快遲到的時候，他可以付 10 倍的價格走路肩！假如你提出的 gas fee 金額低於當下的行情，那就有可能直接失敗或是需要等非常久。不過，你使用時可以放心，因為區塊鏈的錢包都會自動幫忙設定好當下需要的 gas fee 金額，你再決定要不要接受那個價位就好。

　　以太幣跟比特幣一樣可以分割，所以想要小額購買或使用，例如一次只買 0.01 顆，也完全不成問題。相反地，如果你擁有一堆以太幣，攜帶上也非常方便，只要有一個長得像 USB 硬碟的「冷錢包」，或是在加密貨幣交易所有開戶，即

使你的以太幣價值1億美金,你也可以帶著到處走。所有的加密貨幣都一樣,有手機、有網路,隨時都能使用,就連跨國轉帳也相當容易,不需要經過銀行的繁瑣程序。例如烏俄戰爭時就體現了加密貨幣的優勢,透過烏克蘭政府公布的錢包位址,不論你在世界的哪一個角落,都可以輕鬆捐款。款項也不會經過任何第三方,而是直接給到烏克蘭政府手上!

不同於比特幣,以太幣並沒有訂定發行量的上限,但這不是說它可以像美元一樣瘋狂印鈔,V神創造以太幣時就在白皮書裡寫到:「(以太幣的)供給採取持續線性成長的模式,將降低類似比特幣『財富過於集中』的風險。這個模式也讓人們在現在及未來,都有合理的機會取得以太幣使用,同時還能提供強大的誘因,讓人願意持

有及長抱（以太幣），因為從長線來看，發行量增加的幅度仍將趨近於零。」

隨著以太坊從 2021 年 8 月啟動新一輪的升級（EIP-1559），系統在每一筆交易之後，只會把用戶付出的一部分 gas fee 交給礦工，剩下的則會「燒掉」——意思就是銷毀它——藉此減緩以太幣的發行速度。當 2022 年完成整個以太坊 2.0 的升級之後，以太幣的總量甚至可能減少，變成通縮的貨幣。因此，不少人看好以太幣會成為保值抗跌的頂級資產。

最後也要提醒大家，還有一個區塊鏈平台叫做「以太坊經典」（Ethereum Classic，它的加密貨幣代碼是 ETC），它跟我在這本書裡面想談的以太幣、以太坊是不一樣的東西，請千萬不要搞混了。

♦ 在以太坊上開一間銀行

　　最初吸引我接觸以太坊的高利率美金存款，正是以太坊上面非常盛行的 DeFi，也就是所謂的「去中心化的金融」（decentralized finance）。我們一般的金融活動，不論是資金借貸、匯兌還是買賣股票，都必須透過銀行之類的傳統金融機構。但現在人們只要把智能合約的內容寫好，再把它放上以太坊，就能扮演傳統金融機構的角色，把金融活動搬到區塊鏈上面。不論是媒合想借錢的人和想存錢賺利息的人，或是確保借錢的人依約還本付息，系統都會自動執行智能合約的內容。

　　舉例來說，假如我今天有一筆美金，我可以先轉成美元的穩定幣（stablecoin）再放到以太坊上，接著我去找一個可借貸美元穩定幣的 dapp

（它就像是一間建造在以太坊上的銀行，用起來也和數位網銀差不多）。我會先確認它上面的條件，如果覺得 OK，就按「存款」，然後系統會跳出一個指令，例如「存入 1 萬美元穩定幣」；按下「確認」之後，接著要用以太幣付 gas fee，然後我的錢就會存在這個 dapp 的智能合約裡面。

• 穩定幣是什麼？

穩定幣是指對應美金、歐元等法幣的加密貨幣，例如泰達股份有限公司（Tether Limited）發行的 USDT（Tether，泰達幣）。它跟美金一比一掛勾，不會像以太幣一樣有波動，使用起來就跟美金沒什麼兩樣，你可以直接拿 USDT 去存款領利息。穩定幣的種類不少，但使用起來都差不多，像是 USDC、BUSD、DAI 等都非常普及。

只要這是一個正規的智能合約，就不用擔心存進去的錢被偷走，因為合約已經寫死了，只要是通過審計的大項目，其實都算安全。雖然看起來有點複雜，但相信我，你只要操作一次就會覺得很簡單。

　　當然，人們願意把錢存到去中心化的以太坊上，一定是因為有利息的收益。假設你存進去 1 萬美金，它給你 6%，而這個 6% 是用每分每秒去計算的。你可以今天存明天取，也可以今天存，然後晚上將利息拿出來利滾利。不過，如果要操作利滾利，請記得算一下利率是不是夠高，因為你也要考慮每一次動作都要支付的 gas fee 成本。

　　相對地，傳統銀行的美金定存必須存三個月、六個月、一年才能拿到 1% 多，而且我去傳統銀行換外幣都要等至少 1 小時，還要填一堆資料，我就覺得……嘖，只能說以太坊代表的正是未來。

◆ DeFi 為什麼強大？

去中心化的銀行在以太坊上其實有很多間，利率通常都高於傳統銀行。以美元的穩定幣來說，在我寫這本書的時候大盤比較不好，活存利率落在 2.5～3% 左右，一般則會落在 6～12% 左右；行情好一點的時候，甚至 20～30% 都有。假如你有興趣，請務必到數位交易所查看當下的利率數字，因為幣圈的波動比較大，變化步調也非常快。

不過，就算碰到以太坊利率不高的狀況，還是有許多其他的區塊鏈可以留意，例如 Terra 鏈上面的 dapp Anchor 在 2021 年底、2022 年初就連續幾個月提供美元穩定幣的 18% 定存。這種數字在傳統金融體系來看都非常誇張，但為什麼這些平台可以給到這麼高？**原因就在於這些平台將所有**

的事情交給程式碼去解決，他們不需要請太多人，這就是關鍵。

　　例如，在以太坊上最大的借貸 dapp AAVE，它在 2022 年 3 月的總市值是 16 億美金，對比台灣的銀行市值，中信金體系在同期大約是 190 億美金，兩者市值相差將近 12 倍，但中信金的員工總共約有 2 萬 7 千人，AAVE 只有 72 人，中間差了約 375 倍，為什麼 AAVE 可以這樣？因為去中心化的銀行不像傳統銀行，不需要分店、不需要大批行員，也不需要支付營運實體據點的電費、水費、房租、保險庫、保安、會計師等等，它就是用程式碼寫好所有的規則並上傳以太坊，只要有人存款就會觸發裡面的自動機制，因此可以省略大量人力，全部用電腦取代。

　　進一步來看，中信金如果想增加業績，可能需要增設分行，請更多人、買更多設備。但是

AAVE 不用，它靠著智能合約，就算多 5 倍的人使用，也完全可以負荷，員工則可能只需要從 72 人增加到 82 人，辦公室還不一定要多開。它的模式是非常適合 scale、擴大營運規模的！

此外，在傳統金融的運作下，員工每天下午都要花很多時間去核對當天的帳款，中間也會出現人為疏失或錯誤，但在去中心化金融裡不會出現這樣的問題。所以大家想想看，一個企業是 2 萬 7 千人，另一個企業也做差不多的事情，卻只要 72 人，而且沒有分行，自然可以省下很多的錢，用高利率回饋到用戶的身上。

除了存美元穩定幣之外，基本上只要是你能想到的借貸收益模式，大概都能在以太坊上面實現。例如有人推出智能合約，讓有閒錢的人可以把以太幣、比特幣或其他幣配成一個組合，再放到 Uniswap 之類的去中心化交易所，提供給其他

用戶進行幣與幣之間的買賣，提供這個流動性的人就可以賺取平台手續費的分潤。這種操作俗稱「流動性挖礦」，它跟組礦機挖比特幣或是以太幣的那種「挖礦」完全是兩回事。

雖然流動性挖礦的年化利率通常更高，從10～100%，甚至更高都有可能，但更高的年化利率通常來自小幣的組合，因此風險非常高，可能面臨無常損失或因為智能合約有漏洞而遭到攻擊。此外，流動性挖礦的操作也比較複雜，如果你真的很有興趣，我建議先從交易所推出的流動性挖礦方案開始試試，理解邏輯後再走下一步。

講到這邊可以發現，以太坊上的 DeFi 相較於傳統金融享有很大的優勢，幾乎可以確定會在未來取代一部分的傳統金融體系。不過，以太坊能做的事情還不只如此。我們接著來看 2021 下半年在台灣也開始變得很火紅的 NFT。

3 NFT讓我看見 Web3.0的巨大潛力

近年 NFT 變得很火紅,新聞、網路常常看到。但 NFT 究竟是什麼東西、又有什麼價值?一開始,我以為它只是某些人亂搞出來的泡沫,深入瞭解後才發現這會是改變時代的新技術……。

◆ 對 NFT 改觀的這一刻

NFT 其實早在 2017 年就存在了，但是當時受到很少關注，直到 2021 年中，在台灣的相關討論才開始漸漸熱絡；2021 年 10 月，我跟好友 Ryan（吳冠宏）一起創立 FOMO Dog Club（追高狗俱樂部）之後，台灣的 NFT 市場就瞬間點燃了！

在 2022 年剛開始不久，周杰倫旗下品牌 PHANTACi 發行了「Phanta Bear」NFT，陳零九、任容萱、江振誠、余文樂也通通都發行了 NFT。對於很多新手而言，連加密貨幣都搞不清楚了，NFT 又到底是什麼概念？

NFT 的全名是 non-fungible token，就是「非同質化代幣」的縮寫。但「非同質化」是什麼意思？我們只要先搞懂什麼是同質化代幣（fungible token），自然就會知道答案。

請大家想一下，我跟你錢包裡的千元大鈔有區別嗎？沒有。我們能買的東西都一樣，我拿我的鈔票跟你互換，你也不會覺得賺到什麼或損失什麼，這種「被當作一模一樣」、「互換完全沒有問題」的特性就是同質化。從這個邏輯來判斷，新台幣、美金、比特幣、以太幣以及狗狗幣（Dogecoin）等，全部都屬於可以隨意互通的同質化代幣。

　　不過，如果你手上的千元鈔票有瑪麗蓮夢露親筆簽名，那就不一樣了，你不會願意和我的千元大鈔交換；如果有人想要，可能得花上數百萬你才願意賣。此時，這張有著親筆簽名的千元鈔，不再是同質化代幣，而是成為了「非同質化代幣」，因為它變成了一個獨一無二、具有稀缺性的物品。

在網路上運用區塊鏈技術，用一顆獨一無二的代幣綁定一個藝術品或音樂創作的數位檔案，就是 NFT。區塊鏈可以記錄某一個 NFT 在哪個帳戶裡面，或是從這個帳戶轉移到另一個帳戶的資訊，全都清清楚楚。其中，以太坊又是 NFT 交易最多的區塊鏈，比重高達九成。

　　我最初是跟 Ryan 聊過後才開始注意 NFT，那時候台灣還沒什麼人在關注這個東西。搜了一下，網路上只有一些人在談關於 NFT 的研究，記得當時看到了現在很有名的 CryptoPunks 系列，也就是 Larva Labs 出的一系列像素頭像。印象中當時它一隻是 5、6 千美金，當下我只覺得：「奇怪，到底誰要花 5、6 千塊美金去買一個 JPG 檔？我右鍵存取就有了，幹嘛還要去搞這個？」當時，我又慣性思維上身，懷疑這是他們在亂搞，應該會成為泡沫，加上我玩其他的加密貨幣

已經忙翻，因此就跳過沒有去碰了。

　　整整過了一個月之後，某天很湊巧地認識了我爸爸的一位朋友。因為我爸爸是資深的當代藝術收藏家，在藝術圈認識很多人，而這個朋友是義大利人，之前專門做藝術品交易，後來全心投入 NFT 領域。爸爸拉了一個群組，我就問了這位大佬：「CryptoPunks 這個 NFT 為什麼有價值？為什麼人們要用這麼高的價格買它？」他告訴我：「先拋開你的成見，讓我慢慢跟你說。」

　　從那天開始，我對 NFT 完全改觀。

◆ 價值，來自於獨一無二

　　乍看之下，一個 NFT 可能是一張圖，可能會動，也可能會有音樂或是一段影片。但這些都無

所謂，從藝術的角度來看，就是買了一個作品。但買了這個作品，然後呢？這個作品放在網路上，那麼多人可以免費觀看，甚至下載就有了，就算我買到了，又能有多少價值呢？

滿長一段時間以來，我並沒有思考過「擁有一件藝術品」的意義是怎麼一回事。舉最知名的《蒙娜麗莎的微笑》當例子，你去網路上或博物館，按右鍵下載它的圖檔或是買一張海報，你手上的這個東西會有價值嗎？其實沒有，以藝術來講，不管多漂亮，複製品是沒有價值的。因為你並不是真正擁有它。

什麼樣的「擁有」才會有價值呢？必須要這世界的每個人認同「這東西是你的」而且「是真的」，像是羅浮宮對某一件藝術品發的保證書之類的，這樣的東西才是價值所在。

就如同我個人很喜歡蒐集簽名球、簽名球

衣、簽名拳擊套等，這些東西上面的運動明星簽名也需要經過認證，才能證明貨真價實，古董或是珍藏幾十年的紅酒等物件也同樣有認證的需求。我記得之前曾看過數據，中國富商很喜歡喝拉圖紅酒，結果每年喝掉的拉圖紅酒竟然遠遠高於酒莊的供應量，代表中間的差距都是假酒。

但這種偽造在區塊鏈上不會發生，因為一個NFT就是綁定一個數位創作，而且經過鏈上所有節點的認證，所以如果有人想仿冒、盜版，只要查一下鏈上的公開資訊，就可以看出來一個NFT是不是來自真正的發行者，避免買到假貨。

這位義大利大佬說NFT讓藝術圈透明化了，大家都能在區塊鏈查到一個創作者出了哪些作品、各系列在全世界流通的總量，以及每個作品分別歸屬於哪個帳戶，因此可以對作品做估值判定。

這是在傳統藝術圈難以做到的事情，有可能

你花大錢買了一幅自以為「獨一無二」的畫，後來才發現那個藝術家另外創作了好幾幅同樣的作品，這麼一來你手中名畫的價值就被稀釋掉了。

當然，有的人認為，就算你取得了某個限量發行的 NFT，創作者在未來還是可能增量發行同樣的東西，你沒有辦法阻止他去「通膨」你的收藏。但這種情況發生的機率比較低，因為發行 NFT 的智能合約一般都會限定數量，而且如果發行者講好限量卻唬爛大家，他的名聲也會臭掉。

另外，傳統藝術品需要專門的地方去存放，像我爸爸收藏的藝術品，家裡沒有地方掛，必須一年花個 30 幾萬租借特別的倉庫，把溫度、濕度控制在一定的範圍裡，如同存放紅酒一樣地小心保存。NFT 就沒有這樣的問題。

那麼，如果我現在是賣方，NFT 同樣也可以帶來幫助嗎？

◈ 泡沫，也不影響典範轉移

　　這位藝術圈大佬說明，傳統藝術品的交易不像日常消費那麼容易。比如說你有一幅畫，拿到一間傳統畫廊去展覽，實際上能接觸到的觀眾相當有限。但若你的畫是一個 NFT，可以放到以太坊上的 OpenSea 交易市場，一旦上架後，全世界的人都能同時在網路上欣賞這幅畫，產生爆炸性的觸及率。

　　再者，用傳統的方式賣藝術品，可能只可以賣給台灣的朋友，頂多上網拍賣，送到香港或鄰近區域。假設想要賣到紐約或其他國家，光是運送就相當耗時耗力，除了要小心翼翼不能弄壞之外，還要處理報關等等繁雜手續，更不用提複雜的藝廊跨國運作或是行銷宣傳活動。

　　雖然 NFT 在大家一股腦進場後，價格的確可

能會衝高而出現泡沫，但即便如此，NFT 這個東西還是一定會留下來，因為它是一項技術的革命，也是改變世界科技、改變電子產權認證的一個典範轉移。

理解到這一點之後，我開始深入研究，發現包含蘇富比跟佳士得這種國際知名拍賣所都已經開始拍賣 NFT 藝術品，也終於明白為什麼 1 個 CryptoPunks 可以賣那麼貴（2022 年初很稀有的外星人頭像甚至要價 2 千顆以太幣）——因為這個系列具有「NFT 始祖」的歷史地位，而且限量 1 萬個——它就像是區塊鏈的《蒙娜麗莎的微笑》一樣，具有獨特的紀念價值。

進一步來看，NFT 除了綁定某個數位作品之外，還可以讓創作者創造更多不同的可能性。譬如說，創作者可以把一幅畫切割成好幾個 NFT 分開出售，或是用 NFT 結合畫作跟音樂。

在其中玩得很兇、玩得很順手的一個經典代表就是暱稱為 Pak 的神秘人物，他推出了五花八門的 NFT，有的可以燒毀換成某一種稱為「ASH 幣」的加密貨幣，還有些可以讓人把兩個合體成一個。總之，可說是千奇百怪、應有盡有。

不過，這類 NFT 比較複雜，投入其中相當耗費心力，對我來說並不符合精神成本。因此，如果你也跟我一樣覺得有些眼花撩亂，那你應該來看看 NFT 的其他殺手級應用。

♦ 進入 Web3.0 的通關口

Web3.0 這個概念是由克里斯・狄克森（Chris Dixon）所提出，他是矽谷著名的創業投資公司 Andreessen Horowitz（也稱 a16z）的合夥人。狄

克森曾經表示，每一次的科技大革命都是從一小群在圈外人看來像邪教的小組織開始發展起來的。他把網路分成三個階段：

1. Web1.0：大概是 1990～2005 年的這段期間，這時候我還在讀小學。可能滿多讀者對這個階段相當陌生，那時需要用電話線和數據機才能「撥接」上網，網速也慢，網路主要只是用來供人讀取資料而已。

2. Web2.0：這個階段大概是從 2005 年到現在，也是我們現在習慣的社交網路世代。大家頻繁使用網路互動，服務也更加完善，但網路基本上被幾家大型公司集中掌控與壟斷。

3. Web3.0：這個階段約略從 2020 年開始起步，它的網路主要建構在以太坊這類去中

心化平台上，藉由 NFT 與智能合約讓使用者真正擁有虛擬資產；而各式創作的交易所產生的利潤，也會有更高的比重回歸到提供內容的創作者身上。

更多利潤回歸到創作者身上？這是什麼意思？首先，以傳統藝術來看，假設一位藝術家畫了一幅畫，當他賣出去了之後，未來這幅畫如何增值、轉手都跟他沒有關係。但如果他的作品是 NFT，透過智能合約的設計，每當他的作品轉手一次，系統就會自動分配一部分的利潤給他。

像我認識的一位插畫家朋友 RuRu，原本在做行政助理的工作，兼差畫圖，一張可拿 2 千 5 百元。後來她成為 FOMO Dog 的設計師，並陸續接下幾個 NFT 的案子。這些案子帶給她的收入，除了最初完成 NFT 交件後收到的費用之外，也包含

NFT 在後續每次轉手時給她的回饋，最終她也靠著這些錢的支持，順利辭職，專心從事創作。

另一方面，Web3.0 也會讓更多利潤從中心化的大公司轉移到創作者那裡。你可以想像成YouTube 的股權變成 Youtuber 所共同擁有，他們也會拿到大部分的利潤，而維護平台運作的YouTube 公司只有少量的分潤。我們現在或許覺得一個很紅的 Youtuber 年賺千萬很多，但在Web3.0 的世界，1億都是很正常的事。

關於這點，我的加密貨幣夥伴陳零九就很有感。他說做音樂的版稅基本上就是 10%，如果是作詞作曲的人又更辛苦，常常花了很多時間、絞盡腦汁寫出來的東西，才賺個幾萬元而已，因為大部分的錢還是流入音樂公司跟串流平台。如果Web3.0 早日實現，音樂人就能更直接面對粉絲並接受回饋。

講到這邊，你也許會覺得，NFT 綁定數位藝術品好像還能理解，但是 NFT 跟網紅、音樂創作又要怎麼連起來？這正是我們接下來要談的。

4 使元宇宙成真的基礎

有人說，比特幣是黃金 2.0，以太幣是石油 2.0。因為比特幣是目前共識最強、數量又有限的加密貨幣，其數位黃金的地位不難想像；而以太幣則是在以太坊上流通，有機會成為區塊鏈以及元宇宙不可或缺的推進燃料，我們能不跟進關注嗎？

◆ 創建 NFT 社群的一場冒險

　　NFT 另一個很強的應用是社群憑證，這在歐美已經滿普遍了。簡單來講，如果你持有某個社群的 NFT，不論是俱樂部、線上課程、網紅的限定直播群等，你就可以參加他們的活動。例如，持有 Phanta Bear NFT 的人，未來有可能可以參加周杰倫的元宇宙演唱會；或者，如果你有美國饒舌歌手 Snoop Dogg 的 NFT，就可以進入他位於 Sandbox 元宇宙的豪宅，參加他的派對！

　　對照傳統的社群憑證來看，例如高端的高爾夫球俱樂部，一旦年費繳下去，基本上沒有特殊理由無法退款。但如果是 NFT，你不想要了還可以轉手，在以太坊之類的平台上面出售也很方便，有些熱門的 NFT 甚至還會增值。而且只要智能合約有寫好，不論 NFT 如何轉手，系統都可以

自動辨別誰可以繼續在群內或是必須退群，發行者可以省下管控的大量心力。

我和 Ryan 也身體力行，創設了華人圈第一個 NFT 的加密貨幣社群——FOMO Dog Club。事情經過是這樣的：我跟 Ryan 踏進幣圈之後，每天都會交流各種資訊還有心得，從比特幣、以太幣到其他小幣，再到 DeFi、NFT、GameFi 等等應有盡有。因為這個領域很新，有點像美國西部拓荒掏金那樣，所以很多東西都是未知數，遇到困難的時候，不是網路估狗或隨口問人就能找到答案，只能土法煉鋼，一直「trial and error」。有時候進場輸爛，也就當作繳學費。

經過一段時間的磨練之後，我們開始小有成就，身邊有些朋友也被激發興趣，所以大家就拉個小群，共 6 個人。雖然人變多了，可以擴大研究範圍，但因為幣圈的發展步調超級快，無時無

刻都有新的東西冒出來，資訊量實在太大，所以某天我跟 Ryan 聊到，乾脆成立一個俱樂部，號召更多人一起來交流、整理資訊。

我們討論後決定，這個俱樂部要以交流資訊、觀點、思維做為主軸，因此它不會是一個報牌群。為了要讓交流有品質、能幫助會員獲利，不開放免費參加，免得進來太多人造成資訊很雜。於是，從 2021 年 10 月開始，我們分四波拍賣追高狗 NFT，總共發行了 777 隻。

FOMO Dog Club 吸引了很多有熱情、有想法的高手，大家聚在一起，能做的事變得更多。而我跟 Ryan 組成的核心團隊每天都會發布日報，彙整最新的重要資訊；每周也會有專屬直播，回顧過去一個星期的狀況，同時展望下個禮拜。群內也有許多狗友組隊，一起針對特別的項目研究後發布專案報告。

這個社群的感覺非常棒，大家一起研究、一起輸贏，抓住了好機會就一起慶祝，碰到鳥事也可以相互取暖；如果在群裡發問，會有人主動分享有意義的看法。狗友陳零九甚至幫 FOMO Dog 寫了專屬主題曲。

　　另外，我們也會舉辦一些活動，讓大家碰面交流。例如一起去看臺北富邦勇士的籃球賽，或像是王陽明號召淨灘；還有一位狗友是心理治療師，他會帶大家一起靜坐冥想。這些活動都能帶來很獨特的體驗。

　　FOMO Dog Club 雖然也是 NFT，但和前面所述的藝術交易完全不同，把鏡頭拉得更遠，NFT 的可能性更是無窮無盡。那麼，當這樣的可能性碰到了線上遊戲，又會帶來什麼火花？

♦ 讓人真正擁有虛擬寶物

我們以前玩《魔獸世界》之類的遊戲，不是打了很多寶物、金幣出來？但在網路世界裡，你並沒有實際持有這些金幣或虛寶，遊戲公司可以自由更動遊戲設定，你也不能將這些東西直接搬到下一個遊戲或其他地方使用、收藏。假設今天你的帳號被當成問題帳號而被封掉，你的金幣跟虛寶都會一起不見；或者遊戲收起來了，這些東西也會跟著消失。

V 神本人就有慘痛的經驗。他國高中的時候很愛玩《魔獸世界》，但某天暴雪公司改版遊戲，直接移除他最愛的一個角色技能，就算他寄信請暴雪改回來也沒有用，因為暴雪是一個中心化的公司，決定都是它說了算。

這樣的情況即將出現轉變：從 2021 年 7、8

月開始，整個 NFT 世界吹起「遊戲化代幣」的風潮，也就是將整個遊戲搬到以太坊這類區塊鏈上面，並結合 NFT 的概念。

假設有人在以太坊上推出新版的《暗黑破壞神》，你去打一個怪，你的角色在遊戲畫面上拿到了一把寶劍，這時你的區塊鏈錢包也會出現一個非同質化代幣 NFT，證明你是這個虛寶的持有者，遊戲開發者不能更動你的虛寶或是沒收它。你可以把虛寶拿到市場上販售，即使這個遊戲某天結束收掉了，這把寶劍也不會消失，你還是可以拿來賣或當作紀念，或是拿到另一個相容的遊戲裡面使用。

◈ 邊玩邊賺的 GameFi

在 Web2.0 裡面，玩家花時間精神玩遊戲只是得到當下的娛樂，但是當 NFT 讓虛寶跟金幣的所有權回歸到玩家身上後，就能創造「邊玩邊賺」的新商業模式，這也是所謂的 GameFi（game finance，遊戲化金融）。

例如 2021 年爆紅的一款打怪遊戲叫做 Axie Infinity，玩家必須先花錢購買至少 3 隻 Axie（有點像長了四隻短腿的河豚）的 NFT，才能開始打怪或與其他玩家對戰。每當戰勝的時候就會獲得遊戲發行的 SLP 幣，讓玩家可以在遊戲中使用，或出售換成以太幣或美金。

遊戲中的每一隻 Axie 都有自己的 DNA，玩家可以透過與其他 Axie 交配生出新的後代，DNA 的遺傳分配則是隨機的，而每次交配都必須用幣

來支付手續費。假如你不想繼續玩了，也可以把手中的 Axie NFT 賣掉賺錢。Axie Infinity 還衍生出了相關的經濟生態，包含 Axie 配種、出租，甚至未來還預計可以讓玩家買地蓋旅館。

　　這個遊戲在菲律賓、越南引發熱潮，變成全民運動，很多民眾把它當成工作或兼差。有人就說：「我根本不知道什麼是比特幣，也不知道什麼是以太幣，但我只知道『我喜歡打遊戲』，而且『打遊戲可以賺錢』。」

　　除了 Axie Infinity 之外，另有 Sandbox、Decentraland 等遊戲項目也持續推動中，吸引了很高的人氣。雖然現在玩家只能在裡面購買虛擬土地而已，但等到建構完成後就可以開店做生意、辦活動、和其他玩家互動。例如陳零九已經在 Sandbox 裡置產了，準備蓋演唱會空間。

另一方面，有些遊戲的目標是 3A 等級的畫質，例如類似《寶可夢》的 Illuvium，我個人也相當看好。請想一下，如果推出之後，開發者再舉辦大型的線上比賽，將會造成什麼樣的風潮？

　　對我來說，這才是更大的賣點。數位藝術品只是 NFT 這個科技的第一個應用，但我覺得真正會讓 NFT 爆發的地方，將會是遊戲以及遊戲裡面資產的私有化。那麼，Axie Infinity、Sandbox、Illuvium 這些遊戲都建在哪裡？它們都是分別建造在 Ronin 鏈、Polygon 鏈、Immutable X 鏈等以太坊的側鏈跟 Layer 2 之上，仰賴以太坊提供安全性。

　　如果說以太坊是一條高速公路，你可以把側鏈跟 Layer 2 想像成用這條高速公路做為基礎，再往上加蓋的高架道路。這些高架道路採用了這

種蓋法，既可以避開下面這條高速公路太受歡迎所導致的壅塞問題，又能獲得足夠的安全性——因為下方的高速公路實在建造得太好，相當堅固耐用。

可以預期，技術進步將讓 GameFi 更加成熟，而側鏈與虛擬世界的應用也不會只限於 GameFi，越來越普及只是時間的問題罷了。到時候，很可能成為大多數人日常生活的一部分，這也會是元宇宙時代的來臨。

◆ 想像一下，元宇宙有多好玩

2021 年美國時間的 10 月 28 日，Facebook 的執行長祖克柏宣布將公司改名為 Meta。Facebook

如此家喻戶曉的一個巨頭品牌，決定公司改名是
一個極大的舉動。

祖克柏說，未來十年想讓十億人接觸元宇
宙，他認為這會帶來價值數千億美金的商機。單
看 2021 年，Facebook 在元宇宙投入的資金就超
過了 100 億美元。然而，不只是 Facebook，包括
微軟、Google、蘋果、亞馬遜等科技巨頭，還有
迪士尼、NIKE、GUCCI、LV 等眾多大企業都已
經踏入元宇宙卡位。

但到底什麼是元宇宙？簡單來說，元宇宙就
是想把各式各樣的虛擬空間連在一起，創造出一
個虛擬宇宙，讓你可以用虛擬化身（也許會長得
像卡通人物）進入一個科幻世界，並借助 AR、
VR 之類的科技，獲得超級逼真、身歷其境一般的
體驗。

在元宇宙裡面，你就像是拿到一扇任意門，可以超越空間的限制，跟朋友聊天、跟同事或國外客戶見面開會，或是身歷其境地打遊戲、試穿衣服、到公園玩或出遠門旅遊；因此，會看到有人在裡面開服飾店、開賽車場、開夜店。如果明星藝人、網紅要在元宇宙裡面舉辦演唱會、粉絲見面會，不用舟車勞頓、飛來飛去，可以接觸到的人還擴及全世界；對粉絲來說，想直接跟偶像當面互動，付出的成本會低很多。

總之，我們可以想像，現實生活中的很多事情元宇宙都可以做得到；而且元宇宙還能讓我們做到現實中不可能的事情，譬如說到火星散步。

而新冠肺炎也正加速人類往元宇宙發展的速度，以前到公司打卡上班是常態，這幾年因為疫情，越來越多人改成遠距上班，即使疫情趨緩，

有些人已經習慣了遠距，回不去原本通勤上班的模式了。

　　雖然現在的遠距是每個人在各自房間裡使用視訊，但未來我們可以用虛擬化身到任何地方上班，坐在同事旁邊討論事情，甚至觸摸到房間裡的物品。這在電影《一級玩家》中已經凝聚了想像，就算未來並非一蹴可幾，方向是不會變的。

◆ 與元宇宙一起飛的以太坊

　　元宇宙的前景可說是想像空間無限。早期電腦剛出來的時候，有些人已經嗅到「電腦將會改變世界」，但他們當時並不知道後續會有什麼樣的具體發展，也無法預見網路竟然能透過手上的一支手機連接。

同理，從我們現在所處的角度思考「元宇宙」，只能看到「目前這一些用途」，但在五年或十年後，甚至二十年後呢？元宇宙可以達成的事情，一定可以超出我們現在的想像非常多倍。

　　不過，元宇宙若要成形，不太可能是由某間公司去建構和運作的。譬如說，假設一個虛擬世界裡面有哪些東西、由誰擁有，基本上是由 Meta 這間公司來制定規則，那這充其量也只是「Meta 公司的元宇宙」。

　　真正的元宇宙，會更像是建構在區塊鏈上面的去中心化平台，而以太坊正是目前為止最多應用的區塊鏈。以太坊可以讓很多人自由創造各種元宇宙項目——就像創造自己的星球一樣，而且不同星球還能互通——然後推出各種東西給大家使用，包括土地、房屋、車子、衣服等，這些東西都會以 NFT 的形式記錄在區塊鏈上。即使某個

項目方倒了或不做了，它發行的東西也不會被沒收，持有者還是可以拿去其他地方使用。這將會顛覆傳統上對於網路世界的概念。

當元宇宙裡面的東西都能私有化、確定所有權，這些東西就可以拿去買賣，它們的價值才有辦法呈現，並建立經濟模式，與實體經濟連結。由於元宇宙不屬於美國，也不屬於日本或特定國家，而是全部的網路使用者所共同擁有的，因此，採用以太幣做為貨幣，將是更能達到共識也更相容的合理方案。

從 DeFi、NFT、GameFi 再到元宇宙，我們可以知道以太坊的應用多到講不完，而且每過幾個月又會出現新的玩法，我們根本說不準。不過，以太坊真的有資格被稱為「最強公鏈」嗎？

PART 2

我不需要說服你，
事實擺在眼前

HODL ETH

對我來說以太幣就是未來

1 以太幣的期望值怎麼看？

當我注意到一個新的機會時，不論是德州撲克、股票還是以太幣，也不論是為了抗通膨保值還是賺錢投資，我都會從期望值的角度去分析。所以別人看起來可能以為我在賭博、投機、碰運氣，但實際上背後都是冷靜的仔細分析。

◈ 期望值，德州撲克教會我的事

　　從這裡開始，我要進一步運用「期望值」的概念，說明為什麼我會決定把以太幣納入資產配置中。期望值就是 expected value，簡稱 EV。期望值可說是從德州撲克到股票、加密貨幣等所有投資的基礎，它代表你做一件事情，按照機率來看，你能平均得到的結果。

　　比如說我跟你玩擲銅板遊戲，出現人頭（機率 50%）你給我 1 百元，出現數字（機率也是 50%）換我給你 1 百元，那這個遊戲對我們兩人的期望值都是 0 元，因為：

　　（100×50%）＋（－100×50%）＝0。

假設我跟你玩擲銅板遊戲

出現「人頭」，機率50%，
我賺100元

我 ←————————→ 你

出現「數字」，機率50%，
我賠100元

我（或你）的期望值＝
(100元 × 50%) + (－100元 × 50%) = 0元

> 當然每擲一次就會贏100元或賠100元，但是期望值是一個平均，所以場數越多，我們越會變成沒輸沒贏。你可以想像一下如果我們擲10萬次，那結果會非常接近50 vs. 50。實際上，某人會不會多贏幾次或多輸幾次？答案是肯定的，那就是所謂的「波動」。

假如有一個「投 1 千元，有 50 元期望值」的遊戲，這不代表你每次投 1 千元就可以賺到 50

元，你可能有時候賠錢、有時候賺錢，甚至可能連續好多次都是賠錢或賺錢。但如果你重複玩這個遊戲非常非常多次，你可以期望結果相當於「平均每投 1 千元會賺 50 元」。

滿多人會誤解期望值的意義，以為「高期望值」就等於「必勝」，一旦賺得不如預期，甚至賠錢，就用結果來反推，質疑期望值的概念有問題、高期望值是在亂講。說起來，期望值有點像是打籃球的命中率，而高期望值就像是 Stephen Curry 站上罰球線或三分出手那樣，他不會每一球都進，但如果因為他有些球 miss 掉就說「命中率這個概念有問題」、「Curry 投籃不準」，根本是說不通的。

從純粹投資的角度來看，正期望值的機會才值得納入考慮，負期望值的機會則像是賭博。最

經典的負期望值案例就是大家很瘋的樂透，因為政府收到民眾買彩券的錢之後，一定會抽掉一部分當作營運和公益的費用，剩下的資金才當作獎金。因此每次買 100 元，你會期望平均只能拿回不到 70 元。對於這種遊戲，不論你包牌或用什麼方法都是沒用的，買越多只會輸越多。我過年也會跟家人買刮刮樂，但是我非常清楚認清它就是一個娛樂。

那麼，以太幣的期望值究竟是多少？在德州撲克的某些情況下，因為撲克牌的張數和檯面上的賭注金額都是確定的，所以我們可以算出一個明確、客觀的期望值。但這種做法並不完全適用於以太幣，因為它牽涉到更多更複雜的因素與可能性。

這比較像是股票的價值投資，因為股票反映

了一間公司生產產品賣錢的長期獲利能力，所以
套用一些方法去推估一間公司的內在價值，進而
估計股票的合理價位，看起來似乎很客觀。

　　但事實上，在推算一間公司未來的獲利能力
有多大的可能性出現成長或衰退時，也必須仰賴
個人主觀的判斷來假定一些條件，或給予不同情
況設定各自的權數。

　　所以，當我們用期望值的概念看待以太幣
時，不要糾結在一定要算出一個明確、客觀的數
字。這樣講可能有點抽象，讓我用之前花 300 萬
元上一堂德州撲克教練課程的經驗來解釋一遍。

◆ 10 萬美元教到會，要不要？

　　十幾年前，我在讀大學的時候開始接觸德州

撲克。一開始我是自己買書來讀,後來發現有些玩家在線上當教練,收費從 1 小時 50 美元到 1、2 百美元的都有,大約新台幣幾千塊這樣。這種價位對身為大學生的我來講算是滿高的費用,所以我先去網路上面看了其他人寫的心得與評價,花了一些時間心理建設,才終於挑了一個教練去學習,上課之後覺得非常有用,幫助我發現了很多自己打法上的問題。

有了這次經驗之後,我開始找更多教練進行自我投資,價碼也漸漸跳到 1 小時 6 百美金、8 百美金。經過 11、12 年後,我見過的教練已經多到有些數不清了,當然有時候也會碰到 CP 值不太高的情況,就是對方沒有太多的東西可以教我。這段期間,我請過最貴的教練是一個非常強的德國玩家,1 小時就要大約新台幣5萬元。對我來說,這個價錢已經創下了紀錄。後來我跟這位

教練進行了 20 多個小時的課程，花了 100 多萬新台幣，但是他教我的東西，可以說是撲克黃金，物超所值！

後來，短牌的玩法開始流行起來，但因為是發展的早期，雖然有很多金額相當高的私人大局可以參加，但網路上幾乎沒有什麼教學內容。而且就算我認識很多短牌高手，他們也不願意教我，因為他們沒有理由去培養更多人來瓜分那些大賺一筆的機會。

也許是老天爺想要幫我，某一次跟朋友在馬尼拉一起喝酒的時候，我得知他在網路上遇到了一個在全球競爭最激烈的平台 PokerStars 上面稱霸的玩家，對方還問他有沒有興趣上課，結果被他拒絕。我一聽就拜託他把這個機會讓給我，我就這樣跟那位王者牽上線了。

一開始這位王者還先出問題考我，確定我夠

格之後，他才告訴我，要上課是可以，但是這個學費你恐怕付不起。我聽了當然不太服氣，心想：「我 1 小時新台幣 5 萬元的課都上過了，是還能有多貴？」所以我就問他 1 小時要收多少錢，他卻回答說不能用小時計價，因為這些秘訣是研究非常久才得到的精華，但講出來可能只需要 1、2 個小時而已。最後他說，把你教到會，10 萬美元。

1、2 個小時的課程要新台幣 300 萬元？

我聽到的時候還真的傻了一下，雖然心裡覺得應該要答應，但畢竟這不是一筆小錢，而且我們根本不認識，我連他長什麼樣子、真名是什麼都不知道，眼前就只有一個 Skype ID 而已，他的人又在國外，萬一他留一手，沒有真的把厲害的東西教給我怎麼辦？於是，我請他給我一些時間想一下。

♦ 一堂課 300 萬元，期望值是多少？

　　期望值的計算可以是很具體的數字，比如在德州撲克或是 21 點算牌的優勢玩家；但是期望值「思維」則是可以運用在日常生活中任何沒辦法取得具體數字的情況。比如當時這個 300 萬元的課程：我要如何估計這次課程的期望值？我沒有辦法很明確地說，這個人有百分之多少的機率會拿錢之後失聯，或是他有多大的機率會藏一手，我只能推論他在撲克圈很有名，應該不至於為了 10 萬美金就把自己的名聲搞臭掉。不過，如果他打算很有技巧地只傳授部分訣竅，讓我也看不出來他保留實力呢？這些都是有可能發生的。也就是說，選擇這個課程一定必須承擔風險。

　　再來看報酬的部分，我先記下一個確定的事，就是「這個人非常厲害」。如果他真的用心

教我，那我勢必可以輕鬆賺回這個學費；如果他的東西我融會貫通，我就會變成一台印鈔機，那後續的利潤是 10 倍以上的回報。而且當時短牌正好處於起步階段，很多人的技巧都還不成熟，如果我現在能變強，馬上就可以直接獲利。這是有時效性的，買的是「資訊的時間差」。如果我是在 3 年後面臨這個課程的選擇，那考量起來又會不一樣。

我也問自己，萬一這筆錢投下去變成打水漂，我的經濟狀況可以承受嗎？我也徵詢老婆、父母、朋友的意見，聽聽看他們怎麼想的。我差不多考慮了一天。綜合起來看，我有相當的機會可以學到東西，而一旦學到東西，就能獲得巨大的報酬；另一方面，最差的狀況就是什麼也沒學到，或只見識到皮毛，但這些情況應該比較不可能發生，而且後果也還在我的承受範圍之內。

經過分析之後，我認為這個報酬相對於風險是值得的，這個課程的期望值勢必是正數，而且是滿大的正數，錯過這次機會的代價可能反而更為高昂。既然結論是這樣，雖然絕對金額還是很大，我還是決定必須衝一把！於是，我隔天就去銀行匯了 10 萬美金。

在這個故事裡評估期望值的方法，同樣也適用於評估以太幣的期望值。以下，我們先來看看以太幣「報酬」的部分。

2 衡量以太幣的潛在報酬

如果想要衡量以太幣的潛在報酬，單看它目前或過去幾年的價格變化並不足夠，甚至可能陷入迷惘。不過，如果改成從它的潛在市值、使用人數去切入，就能獲得判斷成長空間的優越視角。

◆ 現在的高點，5 年後回望都是低點

前面說過，以太坊的應用非常多元，所以很多看好以太坊的人都覺得有一天以太幣會超越比特幣，成為市值最大的加密貨幣，我個人也是抱持這樣的觀點。

我先說，加密貨幣相較於法幣還是一個很新的東西，所以還沒有很長期的數字可以拿來參考，你很難說 1 顆加密貨幣是貴還是便宜。例如比特幣 1 顆要 4、5 萬美金，感覺很貴，以太幣 1 顆只要 3、4 千美金，感覺很便宜。但是投資不能這樣思考，1 顆幣貴不貴，不是看它單顆多少錢，而是要看它的總市值，因為每一個幣種的「總量」有多少顆並不相同。

假設一個極端一點的狀況，如果比特幣的總市值現在變成 10 億美金，但是只有發行 10 顆，

那 1 顆會要價 1 億美金（10 億除以 10 顆）。由於比特幣「總市值 10 億」是低到不可思議的數字（2022 年 3 月的比特幣市值是 7,750 億美金），所以 1 億美金 1 顆反而非常便宜，因為你買 1 顆就買到所有比特幣的十分之一！

•什麼是市值？

市值以英文來說，就是 market capitalization。例如，以太幣在某個時間點的市值，就是當時以太幣的價格乘以以太幣的總量。市值可以代表市場對這個東西的價值判斷，如果市場認為這個東西很有用、很需要這個東西，或是市場情緒樂觀高昂，通常市值就會提高。

在加密貨幣的世界裡，我學會了一件事，就是不要看一個幣好像現在的價格「很高」，就覺

得它「不會再漲很多」，而是應該要從應用的現況與發展、市值、使用人口等面向去衡量它的成長潛力。如果一個東西還處在很早期的階段，那真正的高點可能還要經過好幾年才會出現。

在 Part 1 已經談過以太坊的各種應用與前景，因此這裡要談以太坊的市值與使用人口。

◆ 難以想像的成長空間

我們先從以太坊 DeFi 的部分開始看。全球銀行體系的總市值大約是 8 兆美元，以太幣目前的市值則只有 3 千多億美元，只占全球銀行體系的 3.75% 左右。如果再納入全世界的數位藝術品交易市值、全世界的遊戲交易市值、後期的元宇宙應用市值，哪怕以太坊只能挖到以上市場各一小

部分，現在的以太幣市值都還算是處於新生兒的階段。

另外，根據北美洲的 Emergen Research，在 2021 年元宇宙的全球總市值約為 470 多億美元，他們估計這個數字在 2028 年會達到 8,290 億美元，大約是 17 倍的漲幅。在這 470 多億美元的市值當中，有一半來自於北美洲、歐洲，而亞洲、非洲等區域都還落後很多。從這裡我們也可以看出，元宇宙的發展還在非常早期的階段，當它逐步成形之後，也會帶動在裡面扮演關鍵角色的以太坊、以太幣。

再看以太坊的使用人口。截至 2021 年 12 月，以太幣在全球總共有 7 千萬個地址持有某些以太幣，以投資來講，有在玩以太坊、以太幣的人通常都不會只有一個錢包，有些人的錢包甚至超過 10 個。因此我們不能說這些錢包代表了 7 千

萬個使用者。但就算以 7 千萬人來算，除以目前全世界的總人口，大約只占了 1%。從這個角度來推斷，以太坊也是處在起步階段。假如以太幣今天已經相對成熟，全世界已經有 30% 的人都在使用，可能就沒什麼特別的戲唱了。

這裡說的還不包括金融投資機構，現在雖然包含摩根大通、高盛等金融大亨都開始參與加密貨幣的世界，但只占他們業務的一小部分而已，而且主要接觸的還只是比特幣。未來他們應該會把越來越多的資金投進來，這也會帶動以太坊的發展。

此外，目前遊戲產業結合 GameFi 還處於起步的階段，而傳統遊戲公司才剛開始注意到 GameFi 的可能性。這些公司只靠著 Web2.0 的遊戲，每一年就已經可以賺進好幾十億，甚至上百億美金了，未來一旦大舉踏入區塊鏈，把更多遊

戲移轉到以太坊或是其側鏈、Layer 2 上面，以太幣的前景會很不可思議。

◆ 以太幣即將超車比特幣？

除了以太幣本身的應用、市值、使用人口之外，也可以看看幾位頂尖人士對比特幣前景的評價，做為推估以太幣潛力的參考。

為什麼可以看比特幣來推估以太幣？這是因為以太幣的總市值小於比特幣，但它可以做的事情更多，它有望逐步取代的各種產業的總市值也更大。如果比特幣很有可能上漲 N 倍，那以太幣將有滿大的機會上漲超過 N 倍。

在比特幣的支持者中，最有名的大概是特斯拉的執行長馬斯克了。他常常推文談論加密貨

幣，也不只一次提到自己持有比特幣、以太幣和狗狗幣。2022 年 3 月的時候，雖然幣圈處於熊市，他還是在推特上表示：「在高通膨的時候，持有實際資產——像是房屋或具備優質產品的公司股票——通常會比持有美元來得更好。而我仍然會繼續持有我的比特幣、以太幣或狗狗幣，不會出售。以上僅供參考。」

推特創辦人傑克·多西（Jack Dorsey）也很推崇比特幣，他甚至認為比特幣有一天會取代美金的地位。多西還創辦了另一間公司 Square，主要提供數位支付之類的金融服務，他在 2021 年年底也把公司改名為 Block（「區塊」的意思），宣示更深入區塊鏈領域的經營方向。

以比特幣取代黃金的地位代表什麼意思？目前比特幣的市值只有不到 1 兆美元，而全球黃金

的市值有 10 兆美元，也就是說，比特幣至少還有十倍以上的預期漲幅。

除了企業家之外，也有很多位專業基金經理人看好比特幣、以太幣等加密貨幣，像是傳奇投資人雷・達里歐（Ray Dalio），他創辦、操盤的橋水基金（Bridgewater Associates）是全球最大的避險基金，而且連續超過 20 年都創造 20% 以上的年化報酬率；他之前也出過一本書叫做《原則》（*Principles*），在國內外都超級熱銷。

達里歐有一段時間也對加密貨幣抱持懷疑，但後來改變了看法。他認為依照近年的印鈔狀況，美元現在處在非常危險的貶值階段，比特幣則越來越有吸引力，他表示：「以我個人來講，持有比特幣絕對比持有債券還要來得好」。除了比特幣之外，達里歐也開始持有以太幣，他說：「我認為持有以太幣可以讓我的投資組合多

樣化。」

　　在美國十分有名的價值投資者比爾‧米勒（Bill Miller）認為，比特幣處在邁向大眾普及的路上，它的需求大於供給，是一個會漲的資產，也是比黃金還要好的價值儲藏工具。

　　這位大師管理的美盛基金（Legg Mason Value Trust）可是連續 15 年繳出打敗標準普爾 500 的績效，而且他在亞馬遜很早期的時候就大舉進場，當時亞馬遜還沒有營收，很多人都不看好，有人甚至嘲諷他。但他卻強調亞馬遜不是一個成長股，而是一個價值股，事後也證明他是對的，他早期買入的亞馬遜股票上漲了超過 190 倍。米勒在 2021 年 10 月的訪談中提到，由於他非常看好比特幣、以太坊等，所以他已經把個人資產的 50% 投入其中了。

　　金融巨鱷索羅斯（George Soros）過往的得意

助手鄧肯米勒（Stanley Druckenmiller）也抱持同樣的觀點，他表示「比特幣的流動性比黃金還要更好」。怎麼說呢？假設你家裡有一大塊黃金，如果你要把其中一部分變現，必須花心力搬運、切割，找到賣家後還要檢驗純度；但比特幣就是清清楚楚存在於區塊鏈上，並經過礦工認證，你要買賣多少單位，只要打開手機就可以了。關於高流動性這點，我認為對以太幣而言同樣適用。

最後，曾多次成功預測金融危機、在華爾街非常出名的保羅・瓊斯（Paul Tudor Jones）則說：「比特幣的特徵很像你很早期去投資的亞馬遜、蘋果這類科技公司，如果以時程來看，比特幣所處的階段甚至相當於棒球比賽的第一局都還沒結束」；蘋果的共同創辦人史蒂夫・沃茲尼克（Steve Wozniak）則稱讚「比特幣是非常不得了

的數學奇蹟，而且比黃金還要厲害」，他也在 2018 年對 CNBC 表示比特幣將「成為下一個全球儲備貨幣」。

　　從這些人的觀點可以看到，他們覺得比特幣很穩，可以保值、抗通膨。而對我來說，比特幣就像是一種防守型的資產，著眼於分散資產風險，對沖一直在貶值的法幣；但以太幣卻屬於攻擊型資產，除了幫助資產配置更多元之外，還像一支優質成長股，成長起來將會爆發力十足。不過，對於以太幣，又有哪些風險值得留意？

3 以太坊是會被取代的貴族鏈？

以太坊的成長空間很大，但如果其他的區塊鏈崛起，分食這塊大餅，甚至取代以太坊，那還有什麼戲唱？所以，以太坊有多大的可能會被取代，會是我在決定資產配置時的一大考量。

◆ 別再問「會不會」，我都煩了

　　隨著以太坊越來越熱門，很多人開始批評以太坊使用的科技不夠好、每秒能確認的交易筆數太少，導致塞車塞到爆，gas fee 又高得很扯，每一筆交易在離峰時段可能要 20～40 美金，尖峰時段要付 120 美金都有可能，因此每次交易的金額可能要達到 1、2 萬美金才划算。

　　在這個情況下，使用者大多是所謂的中大戶，散戶、小資族的比重比較低，所以以太坊又被大家戲稱為貴族鏈。於是，有人甚至開始懷疑，以太幣跟以太坊會不會被其他的公鏈——也就是另一個區塊鏈——取代，就像是台鐵的業績受到高鐵衝擊一樣？

　　在開始討論這個問題之前，有兩點我想要先談一下。

首先，以太坊接下來還行不行，我覺得這是 V 神跟開發團隊、大戶才要去關心的問題，而不是散戶應該擔心的。如果你過度擔心以太坊不行了（不論是出於什麼原因），可能要重新思考自己是否做好資產配置。為什麼這麼說？

這就像你買了一點鴻海的股票，然後每天幫郭台銘擔心他的生意要怎麼做、會不會虧錢，但其實我們根本就不知道那間公司內部的狀況。如果抱著幾萬張的人都沒有在緊張，為什麼你會緊張呢？原因很可能出在你投入的資金，對你來說已經比重太高了；或者，你習慣把精神放在不可控的事情身上。

我們投資多少、什麼時候買、什麼時候賣是我們自己可以控制的，但鴻海毛利率能不能提高、以太坊能不能降低 gas fee，則是他們團隊的責任。投資人要學習把精神花在可控的因素上

面。對於不可控的事情，我們在這邊講半天也不會有什麼具體的結論。

再來，要談談「二分化思維」與「機率型思維」。滿多人在買幣或是買股票的時候，很習慣去問「會不會」。這個幣會不會漲？這支股票會不會跌？如果你這樣問我，我都會告訴你，我怎麼可能知道答案？這種提問就是二分化思維，簡單來說，就是認為真正的答案只有「會」或是「不會」。

如果有人很篤定告訴你會或不會，那八成不是瞎扯就是詐騙。因為這是機率問題，沒有什麼事情是 100% 會發生，或 100% 不會發生。我們要去思考的是，這個幣、這支股票接下來上漲的機會有多少、下跌的機會有多少，並根據這些機率去做安排，而這就是機率型思維。

其實我們每一天的活動都很自然地在進行機

率型思維，比如說今天出門前要不要帶傘？我們會去看天氣預報，而天氣預報就是呈現機率的資料。當你看到降雨機率只有 20%，你可能覺得很低，不需要為了這個 20% 去帶傘；相反地，你看到降雨機率 90% 就會選擇帶傘。

但實際上，就算降雨機率高達 90%，你也可能白帶雨傘；或者，降雨機率只有 20%，還是可能下雨。所以如果你是帶著很重要的書面資料要去見客戶，或剛染完頭髮不能碰水，即使降雨機率很低，你在決定要不要帶傘之前，可能還是會想一下「萬一還是下雨了，怎麼辦？」

機率型思維在金融遊戲裡格外重要，但不知道為什麼，對滿多人來說，在日常生活中運用機率型思維是件很正常的事，但一遇到加密貨幣、股票這些有起伏的金融商品，腦袋就會回到二分化思維。

也許這與教育體制有關，很多事情我們會被教導成 A 就是 A、B 就是 B，也因此我們在判斷很多事情的時候，就會出現「不是選這邊，就是選另一邊」的狀況，而不是從「可能性」的角度去思考。

所以，比起問：「以太坊會不會被其他公鏈取代？」更有效率的問題應該是：「以太坊有多大的機率被取代？」而就我目前看到的狀況，這個機率肯定不高，因為以太坊占有先行者優勢跟強大的網路效應。至於機率有多低，說實在的，我也無法給你很具體的數字，因為這個東西算不出來。但是我很確定會在我的資產配置裡面擁有以太幣，同時也會配置一些小部位給其他的公鏈，等於買個保險的概念，我個人就蠻喜歡 Solana、Avalanche 跟 Cosmos。當然，這是我自己的主觀看法，你也可以設定自己覺得合理的作法。

♦ 貴，是因為供不應求

那麼，我為什麼覺得以太坊被取代的機率很低？許多人認為以太坊的昂貴手續費對它是個利空，但是我持有反面意見。我們先換一個角度想，有些公鏈的 gas fee 很便宜，能吸引很多用戶感覺滿合理的，那為什麼以太坊收費「這麼貴」，大家還是連續好幾年擠破頭上去使用？這裡面反映的其實是市場對於它提供的服務是供不應求的。

以太坊的 gas fee 高昂卻還是堵塞，證明用戶把手續費成本算進去後還是有賺頭。這個場景在 Web3.0 上演的頻率非常高。例如 2021 年底有一個 ENS 幣，它是可以讓你註冊以太坊網域地址的 dapp，例如你可以註冊一個 ilovebtc.eth 的地址。由於 Web3.0 很流行獎勵早期用戶，ENS 發行幣

之後就直接空投給有註冊過的用戶，而我們群內很多人都有收到，每個人拿到的數量取決於註冊幾個地址跟註冊多久，換算下來的總價值從 5 千美金到 3 萬多美金都有。雖然領取這些空投的幣總共要付出約 4、5 百美金的 gas fee，但因此得到的回報卻是遠高於此的！

• **什麼是空投？**

在幣圈裡，空投＝airdrop＝項目方免費把幣發送到用戶的錢包。一個 dapp 可能為了行銷而去空投，但是在這個世界裡，更多的理由是想要去獎勵早期支持者。過去兩年很多人都靠這些空投暴富！

又像是我有一次想搶《時代雜誌》的 NFT，印象中的公售價格是 1 個要 0.2 顆以太幣。在當

時的行情下，一旦搶到，當場就可以用 2～3 顆以太幣的價錢轉賣出去，報酬率很高。由於非常多人想要透過以太坊這條高速公路來搶購，所以我預期過路費在開盤的時候會非常誇張。我想要買 10 個，便把 gas fee 拉高到 5 顆以太幣，當時等值 50 萬新台幣。我想說已經夠狠了，沒想到還是有一堆人出了更高的 gas fee，所以我還是沒有拚成功。

其實，很多人搶著用以太坊，正是造成塞車、高 gas fee 的主要原因，而以太坊會這麼受歡迎，讓大家願意把各種項目放上來，除了因為以太坊的安全機制非常健全以外，也是因為大家對它已經形成了很強的「共識」。比如現在的 NFT 市場，大部分的成交量都還是在以太坊上面。對於真正的玩家來說，目前的共識就是「以太坊上面的 NFT 最有公信力」。而對於一個區塊鏈來

說，在特定的技術水準之下，有三件事必須經過取捨來求取一個平衡：第一是安全性，第二是速度，第三則是價格。

比如說，想要速度更快，就必須更中心化、降低安全性；相對地，如果安全性還是要維持最高水準，那大家只好排隊等待系統安排礦工處理，速度就會變慢。目前為止，雖然很多其他公鏈都瞄準以太坊的價格打出低廉的手續費，但實際的影響就是它們的安全性會低於以太坊，變得更中心化。從這裡可以看出，沒有哪一個公鏈能夠達到兼顧速度、安全、便宜的「完美」平衡。

◆ 以太坊，最強公鏈

由於以太坊起步得最早，當時根本沒有其他

對手，因此用戶只能選擇它。經過長時間的催化，以太坊已經在安全性、速度、價格這三件事達到一定的平衡，目前為止不太有人能比它做得更好。於是，以太坊在人們的心裡和 DeFi、NFT 等實際的使用上都建立起獨特的地位，大家打從心底對它有信心，認為以太坊就是最安全又經過時間考驗的區塊鏈，這就是所謂的先行者優勢（first-mover advantage）。

當一個人的心裡已經卡了一個以太坊的位置，另一條鏈要吸引他過去就需要讓人安心、給出誘因。因為加密貨幣對多數人來說都是很新的東西，一個小白光是買個以太幣、比特幣都快要嚇死了，今天他好不容易鼓起勇氣跨入幣圈，你卻要他跨鏈到其他地方去，或是玩一個大家更陌生的項目，這是難上加難。

即使我們假設另一條鏈提供了挖礦獎勵，雖

然有些人為了賺錢會過去挖，但挖礦結束後這些人還是會回到以太坊，因為他們把其他鏈當成是旅遊，而以太坊才是家。或許有些散戶的確會留在其他小鏈上，但基本上只要是大戶，都會把主要的資金放在以太坊。

先行者優勢的概念從 NFT 的交易平台市場也可以看得很清楚。OpenSea 發展得最早，它也成為最大的交易平台。過去一段時間一直有人批評它的服務很爛，交易還要抽 2.5%，後來冒出一個競爭者叫做 LooksRare，它的抽成是 2%，而且會分潤給用戶和代幣質押者。儘管如此，它也只吃掉 NFT 市場 1.6% 的成交量，難以撼動 OpenSea 的地位。

再用台北捷運當例子來說，因為台北捷運長年累積下來，已經完成了涵蓋範圍很廣的路線網，四通八達、相當方便。假設今天有另一間公

司想要在台北跟北捷競爭（先不管法規、政策之類的限制），即使它推出更便宜的票價，但它一開始大概只會有一條路線、三個站點，搭乘起來很不方便。而且北捷的安全性、誤點率都經過考驗，但新捷運在這些方面都是未知的。綜合來看，新捷運會需要投入很多的資金、時間跟心力，才有機會達到北捷的規模，並讓民眾建立起信心，但一間公司要做到這樣，難度會很高，它很可能撐不過這個過程。

更何況，其他的鏈也會相互競爭，也就是說，幣圈現在的狀況更像是同時有好幾家公司都在蓋捷運。想要這樣分散式地做來取代以太坊，我覺得對以太坊反而威脅降低；如果其他人是合起來集中資源跟技術發展一個新的區塊鏈，可能還比較可怕一些。

此外，以太坊因為早期加入、早期發展，享

有網路效應的加持。這就跟 LINE、IG 的道理是一樣的：因為我的朋友在用，我就跟著用。而以太坊的網路效應已經達到一個規模，如此一來，因為區塊鏈分散式帳本的原理，以太坊會變得更加安全，帶給人們更多的信心，緊接著吸引更多的使用者。整個過程將形成一個良性的循環，就像滾雪球一樣越滾越大，大到別人想要阻擋它、取代它，就會直接被撞飛的那種感覺。

回到捷運的比喻來看，如果北捷的運量跟不上乘客的搭乘需求，常常每班車都爆滿，這麼一來，如果的確出現新的捷運，而且做得不差，是不是有可能讓人從北捷改搭新的捷運？Ｖ神他們也注意到了這個問題，所以著手推動以太坊 2.0。

◆ 以太坊 2.0 來了

如果你上網查，會發現從 2022 年 1 月 25 日開始，以太坊 2.0 的正式名稱已經改為「共識層」，而升級前的以太坊則改稱為「執行層」。不過，這些都不算本書的重點，我們應該把注意力放在升級後會造成什麼影響。

簡單來說，以太坊像是一套採用競標模式的高速公路系統，讓付出較高通行費的人可以優先上路，但就算通行費在這幾年水漲船高，塞車還是很嚴重。於是，V 神和以太坊的開發團隊開始在社群的支持下推動以太坊 2.0，它的做法有點類似在現有的高速公路系統旁邊架設新的車道與路線，等到測試確認沒有問題之後，再把兩套系統連在一起通車（不是用新建的系統取代原本的系統）。這個升級的最大目標就是要解決塞車、通

行費高昂等問題。

原本以太坊跟比特幣一樣，都採用稱為「工作量證明」（proof of work，簡稱 PoW）的模式，這個機制就是大家常聽到的比特幣「礦工」，概念上就是讓所有礦工比拚各自礦機的運算能力（簡稱算力），來爭取每一個在區塊鏈上記帳的機會。只要你成功記錄一個區塊，以太坊就會發放以太幣給你做為獎勵。各個礦工為了提高算力，就會用特定的配置組成專門挖礦的電腦，比如挖以太幣就需要非常高階的顯卡。在 PoW 下，區塊鏈的記帳速度不只比較慢，還會耗費非常多電力。

當以太坊升級之後，會改為採用「權益證明」（proof of stake，簡稱 PoS）的記帳模式。一個人只要拿出至少 32 顆以太幣做為抵押品，就可

以成為礦工，而質押越多以太幣的礦工，系統就會讓他有更高的機率獲得記帳領賞的權利。

這樣說可能還是滿難懂的，讓我打個比方：想像以太坊是高速公路，它的維護、擴建等被分成一個一個的小型工程案（等同鏈上的「區塊」），而礦工必須包下工程，才可以施工賺錢。由於每個案子都有很多人想搶，所以有必要進行篩選。

在 PoW 之下，每一個工程案推出之後，有興趣的礦工都要先進行障礙賽，但只有一個贏家可以拿下案子。其他礦工因為輸了，什麼也沒有，只能再去搶其他的工程，但他們這次參賽所付出的時間與電力就放水流了。由於每個案子都這樣競爭，自然會拖慢整體施工速度又浪費力氣。

如果是 PoS，每個礦工都必須先拿出一筆錢抵押來換取摸彩券，出錢越多的礦工，他在摸彩

箱裡的摸彩券也越多。每次工程案一來，就會進行抽獎，由中獎的人拿下案子。這樣一來，礦工不用搶來搶去，施工速度自然大幅提升，也大幅減少浪費。

以太坊原本需要 12～14 秒才能處理完 1 個區塊的資料量，升級成 PoS 後則只要 1 秒鐘就好。一旦塞車的問題改善，gas fee 也會降低，而且耗電量也會大減。因此，這會是很大的利多，到時候以太坊的使用者可能會成長好幾倍，進一步推動以太坊的發展。

有人質疑改採 PoS，會讓以太坊變得更中心化，因為大戶可以拿出很多以太幣去質押，挖更多的礦、賺更多的幣，而小資族礦工則活不下去。但這個問題 PoW 也有，而且可能更嚴重。因為大戶同樣可以花錢買一堆礦機來挖礦，但大戶

大規模採買礦機或承租場地設置礦場時，還能壓低售價和租金，讓挖礦的成本降得更低；相對地，如果是散戶自己買一台電腦去挖礦，效益一定非常低。一旦改成 PoS 機制，只要持有 32 顆以太幣就可以當礦工，這樣看反而有可能會讓以太坊變得沒那麼中心化，因為像我這樣不懂如何組裝跟維護礦機的人也可以加入變成節點了！

　　所以，我認為這個疑慮的問題不大。真正受到比較多影響的，應該是在 PoW 下已經投資了大礦場的那些人，一旦 2.0 上路，他們當初為了拚算力所構築起來的優勢就會遭到削弱。

　　從時程上來看，以太坊 2.0 在 2021 年 8 月已經完成了第一階段，全部完成則訂在 2022 年 6～8 月時上路，之後還會持續升級，包含擴大區塊的容量、加快節點的驗證速度等，可以預期使用上將會越來越便利。

⬧ 以太幣的期望值

　　綜合來看，以太幣的期望值究竟是多少？目前雖然有些人提出了一些數字，但也都只是估算，因為我們很難像德州撲克一樣用精確的電腦去建立一個模型，得出到底 1 年或 2 年後會有多少人使用以太幣，或者它的價格會上漲成現在的 5 倍或 10 倍。這個數字真的沒有誰能完全說得準，包括我也一樣。

　　但是因為像我一樣打牌的人，看東西不是非黑即白，我不會說以太幣一定漲還是一定跌，而是用價格區間來看，例如現在價格 2 千多美金，1 年後可能有某個百分比的機率會暴跌成 1 千多美金，另外又有某個百分比會上漲到 5 千美金、1 萬美金、2 萬美金等。當這些機率乘上目標價時，就會產生一個我預期這個東西一年後會出現的數

字，這就是我在頭腦裡做的一個期望值的判斷，簡單講就是一種主觀判斷，俗稱一個「fu」。

不過，這個 fu 也不純粹是靠感覺，這個 fu 是累積多年的期望值思維，讓頭腦在高速運算下得出的結論。因為我打德州撲克，每一局都會碰到很多需要主觀判斷期望值的機會，而我到現在為止打了上千萬手牌，長期訓練下來，其實腦袋裡的這種 fu 都不會差太遠。因為以太幣這種東西，不論從實際應用、使用人口、市值、相關風險等各方面去評估，我認為它根本不太需要算，因為它有非常高的機率是一個期望值非常高的機會。這也是為什麼以太幣在我的資產配置裡面已經遠遠超過股票、房子等其他資產，甚至也超過了比特幣的部位。

這樣說，你可能還是很不安心，因為好像做這個評估，最後竟然不是根據「客觀」的數學，

而是根據主觀的判斷。當然，如果非要我將以太幣期望值算出來也是可以，我的第 14 期電子報就談到一位專業投資人如何根據自由現金流的概念，運用很詳細的 Excel 去計算以太坊的內在價值。長話短說，他認為以太坊的市值在幾年內會達到3兆美金，換算下來每顆以太幣應該要高於 1 萬美金。雖然我認同他對於以太幣目前受到低估的看法，但我還是只會把他的報告當作一個參考，因為最重要的還是我自己如何決定我的資產配置。

所以，你在經過各方面評估後，去設定自己心中的數字或形成自己的主觀判斷，才是最適合你的。你也可能評估完之後覺得對以太幣就是沒 fu，那也代表這不是你應該進場的東西。

換個角度來看，如果大家已經可以很精準地預測以太幣的未來走勢，對於它會漲跌多少也形

成相當一致的共識，那這個東西也沒有什麼戲唱了。就像是你聽到很多平常根本沒有在關心股市的人，全都在討論某一檔股票的時候，你就知道它的漲勢差不多已經走到尾聲是一樣的道理。

最後要提醒一下，我不是專業的金融分析師，以太幣也肯定不是百分之百沒有風險——如果是的話，我把股票、房子、比特幣等其他資產全部賣掉，再辦一堆貸款，然後通通丟進以太幣等著發財就好了。如果你有些好奇、有點受到吸引，請記得一定要先做好自己的功課，並且配合好自己的資金部位、進行風險控管，再看看要不要投入這個市場，加密貨幣的波動非常大，千萬不要沒有經過好好研究就隨便無腦亂衝。

接下來的主題，正是以太幣的其他風險。我要談談我們常在身邊親友或網路文章上遇到的「加密貨幣（以太幣）很危險」的幾個論點。

4 以太幣會像煙火一樣消失？

對於有興趣入場以太幣的人來說，「以太幣的價格暴跌甚至歸零」，光用想的就非常可怕，也因為這樣，不少人選擇忽視、遠離以太幣。但這樣的想法究竟有多少是出於對陌生事物的恐懼，又有多少是經過理性的思辨呢？

◆ 鬱金香泡沫，會在 21 世紀重現嗎？

以太幣已經存在好多年了，而 Part 1 也講過以太幣、以太坊的實際用途還有未來發展性，儘管如此，還是經常會看到一種質疑，認為以太幣的價格波動這麼大，因此是一種炒作、投機，跟以前的荷蘭鬱金香泡沫是同一件事情。

這個鬱金香泡沫大概是怎麼一回事呢？在 17 世紀時，荷蘭是海上霸主，軍事、經濟都很強盛，也有很多有錢人。那時候鬱金香開始從土耳其引進荷蘭，結果大受歡迎，吸引一堆人搶購，演變成全民的狂熱運動。鬱金香的價格也連續 2、3 年一路往上飆，甚至有鬱金香一顆球根就賣了一棟豪宅的價錢。因為價格實在高得太誇張，後來撐不住就全面崩盤，而且大家已經知道它沒戲，所以它的價格一次下去後就再也沒有回來。

那以太幣呢？我認為，以太幣比較適合跟經歷 dot-com 這波「網路泡沫」的科技公司來對照，像是亞馬遜、Google、Netflix、PayPal 等。dot-com 泡沫的狀況是，從 1995 年到 2001 年間，包含歐美、亞洲等多個股票市場中，網路和資訊科技等相關企業的股價高速上漲，吸引大量投機資金炒作，直到 2000 年初發生股市崩盤。

　　不過，許多公司在崩盤之後還是存活下來，證明了本身的價值。例如亞馬遜，這間公司的股價在當時曾經飆到 100 美金，然後瞬間跌到剩 5 美金。但是亞馬遜活下來了，而且不但活下來，它還是目前世界最大、最賺錢的公司之一，現在的股價（2022 年 3 月）約 2 千 5 百美金。

　　相較之下，以太幣經歷了無數次上上下下的循環，其中包含幾波大跌，可是每一次它都回來

了，而且每一次回來都比之前更強。例如以太幣曾經在 2018 年的短短 1 年之間跌掉快 90%。但後來呢？它在接下來的 3 年間上漲了 40 倍。比特幣也一樣，它在 2017 年那次跌得超慘，我原本覺得它玩完了，但後來它不只反彈，還突破新高，衝到快要 7 萬美金。

所以我認為不能用鬱金香泡沫來形容以太幣、比特幣，因為它們已經一再復活，還不斷地更上層樓，證明了這種科技會在這個世界繼續發展下去。

這邊要提醒大家，雖然以太幣、比特幣要消失歸零的可能性很低，但不代表其他加密貨幣也可以同理適用，所以如果你要入場其它加密貨幣，還是務必留意泡沫化的風險。

◆ 波動太大，八成是炒作？

以太幣還有其他加密貨幣價格大起大落的情況也受到許多質疑。實際上，價格大幅震盪的狀況，是一個新興產業初期會有的型態，因為一個產業從無到有，再成長為全世界廣泛應用的東西，過程中一定會有起伏，而新興產業在早期的市值沒有很大，只要有一些資金進出，就足以造成劇烈的波動。這就像是有大戶拿一筆錢去買台積電股票，對它的股價幾乎沒有影響，但如果改買一間新創公司的股票，可能就讓它連續漲停好幾天。

更何況，一個長期看漲的產業，肯定會吸引很多人抱著投機的短線心態進場，甚至也會引來詐騙。由於專業的投機客想要炒作、圈錢，就會做很多的操作，加上媒體推波助瀾，又有很多對

這個產業不瞭解也沒做功課的散戶在追高殺低，結果就導致價格的波動幅度更大了。

有錢賺的東西，一定會有人想炒作、圈錢，但有人想炒作、圈錢，並不代表這個東西就不值得投入；同樣地，一個資產的短期波動大，也不代表這個資產就不適合長線投資。

當然，很多人會覺得以太幣不能算是一種好的資產，因為一般人很習慣資產必須維持相對穩定的價格，不能一下子漲 30%，一下子又跌 30%。這邊我想問一個問題：你想要一個資產是有很多波動，但長期來看逐步增長，還是你想要一個資產幾乎沒有波動，但穩定往下呢？

法幣就是後者，大家把錢存在銀行裡，雖然法幣的價值不會大漲，但也讓人覺得不會大跌，所以感到很安心。可是，法幣的一大問題就是每年「穩定通膨」稀釋你的購買力。

我個人的看法是，就一項資產而言，**有波動代表著有機會賺錢**。我不是要說以太幣是很好的短期投資標的，但如果看一下資料就會發現，雖然以太幣在過去幾年都有波動，但只要是買了之後 hold 住 4 年，不管當初是不是買在短期高點，沒有任何一個人是輸的。

　　也就是說，以太幣的曲線是一直往上的，只要抱住夠久，基本上沒有問題，但你不能說只是因為看到上漲就想進場，買了以後看到下跌又立刻要賣，這樣的心態就完全不對。

　　當你經過判斷，接受「以太幣會持續發展、不會消失」這件事之後，你看待買賣以太幣的角度會不一樣。以往會覺得好像是在賭一間不知道哪天會突然關門的新創公司，現在則會覺得像是買賣某一種波動比較大的成長型股票而已。

◆ 很容易被偷、被駭，瞬間資產消失？

　　不少人會擔心以太坊遭到駭客入侵，然後自己的幣就被盜走了。首先需要澄清一下，有時候媒體會傳出一些消息，像是「某某交易所遭駭客入侵，盜走價值 XX 元的比特幣、以太幣等加密貨幣」。由於一般人在加密貨幣交易所開戶，交易所會幫忙保管他們購買的加密貨幣，並負責處理買賣、轉帳或簡單的存放款等業務，因此如果交易所的安全防護出現漏洞，就可能發生盜幣的事件。

　　這類情況是中心化的加密貨幣交易所持有的錢包遭到駭客攻擊，不等同以太坊本身被駭客入侵。就像是你不小心洩漏了自己 email 的密碼，結果你的帳戶遭到攻擊，資料被偷了，但是這不表示說 email 的程式或雲端有問題。這完全是兩

回事，大家千萬不要誤會。

由於以太坊是去中心化的，不論是在鏈上記帳或更改遊戲規則，都必須經過礦工全體投票才能通過，因此，駭客無法像是對付中心化的機構那樣，駭入某一套系統就可以偷走以太幣。這也讓駭客要竄改帳目變得相當困難。

實際上，以一個區塊鏈或是智能合約來說，存在這個市場的時間越久，意味著駭客可以攻擊它的機會越多。而以太坊已經好幾年了，程式碼又完全開源，全世界的高手跟專家幾乎都把焦點放在這裡，如果有嚴重的漏洞，早就被破解了。

更何況，以太坊的開發團隊也持續推動「漏洞獎勵計畫」，提供獎金來鼓勵白帽駭客協助找出系統的潛在漏洞，讓以太坊可以及早補強。像是 2022 年 2 月，大名鼎鼎的弗里曼（Jay

Freeman）──他是蘋果 iOS 越獄軟體 Cydia 的開發者，也是《蘭花協議》（Orchid Protocol）的創始人之一──曾在一個由「Optimism」的團隊所開發、在以太坊的 Layer 2 的岔鏈上，發現一個漏洞，可以偷偷用來複製以太幣，他也因為這樣獲得了 2 百萬美金的獎勵。

至於加密貨幣交易所的安全性，我個人認為如果挑選前幾大的交易所開戶，都能獲得相當程度的保障，雖然還是有資產被盜的可能性，但機率是低的，而且各家交易所為了維護自身信用，也會有賠償或是保險之類的對策。你也可以把資產分散在幾間不同的交易所，進一步降低被盜的風險。

◆ 以太坊遭到黑勢力掌控？

　　那有沒有可能某一天，一群駭客或是幾個大企業對以太坊發起俗稱的「51% 攻擊」呢？「51% 攻擊」是說，攻擊者想辦法掌控超過 50%的算力，藉著這種方式來控制、改變以太坊帳本的內容。如果真的發生，這會是非常嚴重的事情。但實際上，幾乎不可能有人去發起 51% 攻擊，為什麼呢？

　　首先，在 PoW 之下，攻擊方必須取得非常多的礦機才能聚集足夠的算力，但礦機很昂貴，買了之後還要有場地組裝，並支付電費，會產生高昂的成本。再來，全世界在做礦機的公司沒有幾間，如果有人突然買個幾千幾萬台，消息一定會傳出去。

　　消息走漏會有什麼影響？如果攻擊方要硬

上，難道有人可以出手阻止？實際上根本不用這麼麻煩，因為 51% 攻擊跟土匪搶銀行不一樣。假設今天土匪搶到了 2 億美金，他可以把2億美金拿去花掉，但是美金這個體系還是會存在，因為美金是有美國政府做信用背書的法幣。但是以太坊完全不同，以太幣的價值來自於大家對它的信任，一旦大家發現這個系統受到了控制，不再是去中心化的，以太幣就會瞬間失去價值，價格也會崩盤。

所以，對攻擊方來說，51% 攻擊是負期望值的行為。因為他投入非常非常多錢之後，費盡心血好不容易才控制了以太坊的網路，但成功之後拿到的以太幣卻變成沒用的東西，以賽局理論來說，這對他本身的利益而言是沒有道理的。

很多學者也說，以太幣和比特幣這類加密貨幣是充分運用了賽局理論的設計。對於用戶來

講，他想使用一個很安全的網路，所以他支付 gas fee 給礦工；對於礦工來講，他想要賺錢，所以會去挖礦，提供電腦的算力維護以太坊的運作。於是，所有參與者都基於自己的最佳利益去做決定，卻不會破壞這套系統：用戶使用以太幣、礦工認真地挖礦，駭客或其他人也不會發起 51% 攻擊。這也是我覺得非常天才又完美的均衡。

隨著以太坊 2.0 上路，如果想要發起 51% 攻擊，攻擊者必須持有總量 51% 以上的以太幣，但以太坊的網路很公開，這種攻擊玩這麼大，如果有一些帳戶不斷快速囤幣，馬上就會有人發現不對勁，也就是說，攻擊方沒有辦法低調地偷偷幹這種事情，因此要攻擊得手的機率就更低了。

回到根本來說，與其擔心這些極小概率發生的事情，不如把時間花在深入幣圈、跟上訊息，加上獨立判斷思考的能力，這樣才是自保的王道。

5 風險還是迷思，別再搞不清

以太幣還遭受哪些質疑？相信這是滿多人都
會關心的事情，我也不例外。但如果真的要
擔心，總是有很多很多的問題可以讓人擔心
不完，在時間、心力都很寶貴的情況下，這
會帶來很大的問題。所以如何辨別輕重，會
是相當重要的課題。

◆ 報牌？割韭菜？分辨社群性質

　　有些親友聽到以太幣，可能會警告你，股市裡面常有傳聞說，有些老師會跟大戶聯手，報牌再坑殺散戶。你說不定也會想到我之前在德州撲克短牌玩法剛起步的經歷：Raymond 不是說，那時候找不到教練，因為高手大多不想讓人進來瓜分賺大錢的機會？你可能想說，如果以太幣這麼好賺，那些看好以太幣的人自己賺都來不及了，怎麼還會邀請其他人一起來賺？

　　如果你會這樣想，我覺得非常好，因為獨立思考對於投資或其他決定都是很重要的，這也是我一直在社群上鼓吹大家注意的事情。不論你未來遇到什麼新的投資機會，也許是一種新的加密貨幣或一個 NFT，你都應該保持警覺，自己研究、判斷，而不要只想著聽人報明牌然後跟單，

因為的確有些人心懷不軌，想要哄騙大眾。

那麼，為什麼包含我在內的多人在看好以太幣的同時，也樂於分享自己對以太幣的看法與資訊？我覺得至少可以分三個部分來談。

簡單講，這跟以太幣的本質還有發展階段有關。首先，一個東西要能普及，最重要的就是受到大家信任，願意接受它。以太幣也不例外。如果越多人認可以太幣的價值，願意使用它、在它身上花時間，而不只是用投機的心態對待它，那麼以太幣就會站得越穩，以太坊也會因為有更多人和資金的投入而發展得更快速、更完善。這麼一來就會進入一個良性循環，進一步降低以太幣的相關風險，並增加它的功用。

再來，我們通常都習慣認為投資是一種「你賺我賠」的零和遊戲，這在很多時候確實沒錯，就像德州撲克有人贏就有人輸，或是股市裡面有

人看空、有人看多，但一定只有一方會賺到錢一樣。不過，投資也有雙贏的面向，例如投資人長期抱著一間好公司的股票，讓這間公司可以專心創造價值幫助它的客戶，公司本身也能照顧員工，而投資人則可以分到股利。

對於新興產業來說更是如此，當以太幣還處在迅速成長的階段，而且成長空間還非常大，這是一個大家對前景樂觀、「人人有肉吃」的狀態，不至於因為更多人進來就大幅稀釋掉各種獲利的機會。

最後，雖然也有不少人是進來投機的，但回到原點來看，以太幣、比特幣等加密貨幣之所以會出現，是有它的理想性的——希望運用區塊鏈技術達到去中心化，讓更多權力直接回到使用者身上，減少政府或傳統遊戲規則下頂端群體的單方面掌控。

而 V 神創造以太坊時，提出了「世界電腦」的概念，希望提供一個讓全世界的人都能使用的平台，給予使用者更大的自主性，不會像 Youtuber 一直被 YouTube 公司的演算法牽著走，也不會像 app 設計者要在 Apple Store 或是其他平台上架時，基本上只能接受大公司制定的規則。

　　而且 V 神在推動這個理想的時候，也希望結合大家的意見與力量，不是自己或少數幾個人說了算就好，所以會有一種一群人一起創造新時代的革命情感。

　　我對這個氣氛滿有感的，因為我過去一直聽很多幣圈人的 Podcast，也加入了幾個加密貨幣社團，後來還創辦了 FOMO Dog Club 跟狗友一起交流。在這些地方都可以發現，幣圈人很樂於分享，我個人相當享受這樣的感覺。

當然，我提出以上看法之後，你還是應該獨立思考這些看法的合理性，再做出你自己的判斷。總之，千萬不要誰說了什麼，你就照單全收。有自己的想法還是最重要的。

♦ 耗不耗能，其實是假議題

在我們從小到大的經驗裡，「錢」就是一個非常原生、非常自然的東西，你不會覺得它需要很多的維護，因為我們太習慣使用了。但是當加密貨幣一出來，開始有人說這東西不環保、浪費了非常多的能源。

但實際上，基於熱力學，全部的東西都需要用到能源，包括黃金開採也要消耗能源，法幣發行當然也是，若要維持一個金融系統——包括銀

行的營運、借貸市場的運作等——所需要耗費的能源當然更加可觀。當我們習慣一件事的時候，就不會認為裡面有什麼問題，但仔細想想這才是一大問題。

我們先來看看比特幣的情況。2021 年 1 月，馬斯克宣布用特斯拉的款項去購買比特幣，接著他宣布可以用比特幣買特斯拉的車子，帶動了比特幣上漲。但經過一陣子他又說不能用這種付款方式，因為比特幣耗費了太多太多的能源，對環境非常不好，有違特斯拉的宗旨。

為什麼比特幣需要耗費電力？因為比特幣的網路安全是建立在礦工的算力之上，礦工如果一直很用力去算，就會耗費很多電力，但到底是多少電力呢？比特幣 1 年用掉的電力差不多相當於一整個馬來西亞或是瑞典，聽起來非常龐大，但我們也要想一下，比特幣到底要取代什麼東西？

比特幣最能解決的痛點在於大筆金額的轉帳與海外換匯，這件事目前單靠銀行體系的運作，究竟要花多少電力？一個銀行可能有好幾千個分行，分行白天要開店去運行，除了要請人、ATM，還有辦公室的使用、電子支付系統等，需要用到的電非常非常的多，但多數的人不會去想這件事，因為這數字其實也沒有這麼透明，也不容易計算。

　　在這點上面，我認為比特幣就比較衰，因為它的電力計算跟它的帳本一樣完全透明，大家可以很簡便地查看，因此這個主題就被拿出來討論、炒作。我個人覺得這是被媒體誤導的議題，比特幣如果能夠取代銀行的部分業務，它用電的CP值絕對比銀行還來得高出非常多，因為比特幣不需要這麼多人、不需要辦公室，也不需要ATM，就只是用程式碼在運作而已。

另一方面，比特幣有 20～70% 的能源是再生能源，礦工也一直去找再生能源使用，為什麼呢？因為電費是礦工的成本，挖到的礦是他的回報，挖到的比特幣要大於他的電費才符合成本效益，所以他們會去找一個發電成本低的地方。

比如說，四川的水力發電原本沒有什麼人在使用，因為附近沒有人住，相當可惜。後來礦工就搬過去，將當地的水力發電運用在可以讓全球金融體系有秩序的事情上，有點像是廢物利用的感覺，也帶來雙贏的局面（有點可惜的是，中國政府在 2021 年 10 月宣布比特幣違法）。也因此，我認為比特幣反而是一直在研發探究新的方法、新的綠能去支撐它的運作。

又像是 2021 年將比特幣列為法幣的薩爾瓦多，當地有很多火山的能源其實是低度利用的，於是比特幣礦工就運用蓋在火山旁邊的發電廠，

我個人覺得這非常酷。多個資料都指出，這樣的火山發電是零碳排放的，也是 100% 的綠能，也因此還有更多礦工在計畫要搬移過去。

　　不過，馬斯克擔憂的問題其實也有道理，因為比特幣還是有一大部分的挖礦能源是來自燃煤，會造成環境破壞，但這樣的狀況也在不斷遞減中，我個人相信在未來的幾年之內，比特幣的綠能百分比一定會持續增長。

　　如果從耗能的角度來看，市值第一的比特幣都不算表現太差，而且還越來越改善，那目前市值還暫居第二的以太幣就更沒有問題了。而且，當以太坊 2.0 上路，從 PoW 轉為 PoS 之後，整個能源效率還會大幅提升，到時候又會進一步節省更多的能源。長期來看，以太坊會變得越來越環境友善。

◆ 助長洗錢與犯罪，事實還是偏見？

還有些人會說，以太幣是完全匿名的、完全無法追蹤，你根本不知道誰是誰，但其實這個觀念是完全錯誤的。這裡先說明一點，很多用戶是透過加密貨幣交易所進行交易的，而在這些交易所開戶都必須先經過身分驗證，因此若有必要，這些用戶的身分是可以追蹤的。

再來看以太坊鏈上的狐狸錢包。雖然直接上鏈創設錢包的確是匿名的，這些錢包地址也不需要登記個人的名字上去，連 email 都不用，你只要擁有這個錢包就是擁有這樣一個「幣」，但實際上，我反而認為以太幣跟比特幣一樣是全世界最透明的交易工具，為什麼呢？

因為它的帳本是從以太坊開始的時候到現在都完完全全地存在，任何一個人在任何時間都可

以去上面閱覽，也因此，以太幣其實是有機會被追蹤回來的。也就是說，如果一個人犯罪、法庭也判他有罪，而這筆資金要去找的話，其實透過以太坊的區塊鏈是可行的。所以，以太幣或是比特幣之類的加密貨幣得到「幫助洗錢」的壞名聲，我覺得只是大眾的誤解再加上媒體的放大而已，並不真的是這樣一回事。

這裡可以舉一個例子來說：2022 年 2 月，美國司法部宣布破獲史上規模最大的加密貨幣竊案。這個竊盜事件發生在 2016 年，當時駭客入侵加密貨幣交易中心 Bitfinex 的系統，操作了 2 千多筆沒有經過授權的交易，總共偷走將近 12 萬顆比特幣。雖然其中大概有 2 萬 5 千顆比特幣被賣掉了，但美國司法部還是追回了剩下的比特幣，並開放失竊的受害者前往認領。若以 1 顆 4.4 萬美元來算，追回的比特幣總價值達到 36 億美元。

美國司法部也強調，聯邦執法部門再次證明可透過區塊鏈追蹤資金，也不會讓加密貨幣成為洗錢的避風港或無法可管的金融領域。

另外，也有不少人問我，加密貨幣是不是都是用來做違法的行為？大家會有這樣的印象，我想可能是透過新聞報導的一些內容或比特幣的各種風波所導致。我們來說明一下，2011 年有一個叫做「絲路」（Silk Road）的網站在美國成立，這個網站主要販售各種違法的物品，而其中交易的媒介就是使用比特幣，當然，這個網站盛行了一陣子之後，美國 FBI 在 2013 年的時候把它關閉，但可能還會有一些人利用比特幣做洗錢的行為，也因此，整體來說，比特幣乃至其他加密貨幣也就有這樣的刻板印象被留下來了。

但是，如今的加密貨幣早已不是這個樣子。以比特幣為例，我們來看一些簡單的數據，今天

的比特幣總交易量，非法行為約占比 0.34% 而已。對照法幣來看，聯合國在 2020 年作了一個統計，估計全球的 GDP 中大約有 2～5% 被用於非法行為的交易，這個金額跟比特幣的金額相比差多少呢？法幣恐怕達到比特幣的 160 倍到 400 倍之間。

其實在比特幣出現之前，美金、新台幣、日幣等法幣，本來就已經被犯罪活動拿來運用很長的一段時間了，所以忽略法幣長期與犯罪活動的關聯，只是強調加密貨幣就是助長犯罪活動，這個也跟事實不太相符。

◆ 政府一聲令下，就能封殺以太坊？

最後我們還可以簡單談一個問題：政府有多

大可能基於打擊犯罪或是節能減碳之類的理由，來阻礙以太坊的發展？以現在的發展狀態來看，一般民主國家的政府想要封掉以太坊，就像是要推動嚴格的網路審查管制或是封掉網路那樣地困難，也幾乎不可能發生。

　　況且截至 2022 年 3 月為止，即將開放的以太坊 2.0 已經有接近 30 萬個節點，這些節點每一個都存有以太坊開創以來所有帳本的記錄，也都能回溯，而且時時刻刻都在同步更新，因此，即使某國政府想要關閉以太坊，除非有能力做到一次同時封鎖全世界的所有節點，否則只要有少數的節點還在，就能再度將整個以太坊帳本複製擴散而重新復活。

　　以世界各國來講，或許美國政府有能力聯合其他國家做到這點，但這個可能性很低，也不太是我們一般散戶需要太過擔心的。如同矽谷天使

投資平台（AngelList Venture）的董事 Naval Ravikant 曾說過的，政府並沒有辦法禁止 Web3.0 的發展，「因為 Web3.0 說到底就是程式碼，而程式碼就是語言，而語言就是思想，你沒有辦法剝奪人們思考的權力」。

我個人的看法是，假如真的有哪個國家的政府想要封掉以太坊，在一個國與國之間的賽局裡面，就會有另外一個國家想要把它合法化。因為以太坊跟其他加密貨幣後面所能注入的資金非常可觀。

因此，相較於全面封掉，民主國家發生的狀況反而比較可能是政府加強監管還有相關立法，畢竟我們現在正使用百年以上的法律系統在規範全新的世代，迫切需要改革，而這些改革比較可能會讓以太坊變得更安全、更可靠也更普及。

PART 3

不論資金多少，
都可以參一咖

HODL ETH

這不是專屬有錢人的遊戲

1 把目光投向以太幣

我認為，選擇把自己的錢放在什麼地方，是每個人都應該關心的課題。若要做出對自己最有利的選擇，優先需要做的就是跳出框框思考。如果只是照著固有的習慣、照著社會上既定的遊戲規則去玩，雖然感覺很安心，但並不會改變你的現況。

◆ 起身踏入下一波趨勢

我記得當初讀完《比特幣標準》之後，心情有點複雜，不知道該講是震撼、憤怒還是恍然大悟。我從小就對賺錢很有興趣，比較年輕的時候，心裡想的是有很多錢可以花很爽，現在則是把賺錢當作自我挑戰、對自己的承諾（40 歲達到 10 億），但我從來沒有真正去思考「錢」到底是什麼。

一直以來，不論是打牌、買股票，我都把自己付出心力、勞力的回報換成法幣，但換到了之後，這些法幣的價值卻不斷在流失。我開始懷疑，為什麼自己要用有限的時間跟精神去換取一個可以無限發放、無法保值的東西。

在這個世界上，有一批人可以在目前的法幣系統下玩得非常好，並成為「這個遊戲中」最頂

端的人，比如比爾・蓋茲、巴菲特等人。當政府開始印鈔、QE 的時候，這些頂端的人通常更有能力快速反應，可以馬上去買股票跟房子這類儲備價值的投資商品。

拿美國發放的經濟刺激紓困金來說，一般民眾拿到錢之後就跑去超市買蔬菜、水果、日用品等，而這些消費的錢會流到這些企業老闆手上，再被老闆們拿去買股票、買房子。過了一年、兩年之後，股價、房價被墊上去了，一般民眾才開始反應、接著買。當然，後面進來買的人就要花更多的錢。以台灣的房地產越來越誇張的價位來看，房子已經不是拿來住，而是已經成為拿來保值、賺錢的東西，這也讓現在的年輕人變得更痛苦。

也因此，如果你今天只是一個上班族，想要照著現在的遊戲規則翻身，基本上不可能。也許

你只是想要有個不錯的被動收入、不用時常擔心入不敷出，也可以有更多自由去從事想做的事情，但你實現目標的機率基本上可說是非常低。

在這種情況下，我個人會選擇趁著還年輕的時候，挑選高期望值的機會去拚一下。我常會跟自己說，**現在不拚，什麼時候拚？難道等我 65 歲的時候嗎？**

◆ 切換角度，以太幣風險更低

假如你今天有一筆錢，但你害怕風險不想買股票或加密貨幣，你又害怕流動性差不想投資房地產，這筆錢依舊在你手上，看起來你「什麼投資都沒有選」，但實際上這就等於你選擇了投資法幣。

《富爸爸、窮爸爸》的作者羅勃特・清崎曾在一則訪問中提到，「你為什麼要去存一個可以隨便印的東西？」我們必須正視法幣就是一個「每年穩定減少價值、期望值注定是負數」的選項。你可能想問，如果不要「投資新台幣」，那投資台股或台灣的房地產，不就好了嗎？何必沒事找事，額外花心力去考慮以太幣呢？

　　關於這點，我過去就曾跟其他人說過，每個國家都有自己的特殊風險，同時一次影響法幣、股市、房市等，而台灣因為國際處境特殊，這種情況又讓人更容易想像。請思考一下，萬一某天你醒來，突然發現很難提領新台幣，而且新台幣的價值還同步崩跌，從 28 元兌換 1 美金變成 45 元兌換 1 美金，那會是什麼樣的情況？你又要怎麼辦？

　　不幸的是，2022 年 2 月底爆發俄羅斯入侵烏

克蘭的戰爭，印證了這種顧慮。烏克蘭因為受到猛烈的攻擊，人民陷入很嚴峻的處境，他們很多土地、房子的價值一夕之間化為烏有，法幣、股市也全面崩盤。跟我打牌的烏克蘭朋友告訴我，在戰區的房子一間只賣 70 美金，而且買方實際想要的還不是權狀，而是那些磚頭、原物料。

在戰亂的動盪局勢之下，人民若要提款、兌現、匯兌都面臨問題；逃難的時候，想要帶著黃金、美金也不容易。相較之下，以太幣、比特幣在這種極端情況下反而顯得更為方便，只要有手機、有信號，就可以很輕鬆地轉帳、使用及攜帶。

除了烏克蘭之外，發動攻擊的俄羅斯也因為受到國際社會實施大規模經濟制裁，法幣大幅貶值，經濟陷入很大的困境。非常多俄羅斯人趕去銀行擠兌，慌忙想要提領現金或是兌換美金；但

他們的政府為了避免資金外逃，實施了資本管制。結果就是俄羅斯人變得更加依賴加密貨幣。

烏克蘭政府很快就意識到了加密貨幣的優點，所以在戰爭開打後願意接受加密貨幣的捐款，並在一周內收到價值5千萬美元的比特幣及以太幣，像我自己也有捐一些以太幣過去。而根據Bitcoin.com 的調查，40% 的歐美軍備物資供應商願意接受加密貨幣付款。此外，透過以太坊轉帳可以讓捐款直接進到烏克蘭的國庫，不用擔心透過中間人的時候會不會有些錢不知道去了哪裡。

烏克蘭政府甚至更進一步運用加密貨幣：招降俄羅斯士兵的時候，同意提供比特幣做為獎勵。這也帶出了加密貨幣的另一面：俄羅斯政府有沒有可能透過加密貨幣躲避制裁，繼續籌錢做壞事？美國政府對這個問題有做出評估，他們認為風險是低的，一方面，加密貨幣的總值並不足

以支撐俄羅斯的需要；另一方面，鏈上的資訊是公開的，如果有異常的大規模資金流動，反而會比美鈔或黃金還要更好追蹤。

不論如何，我們每個人都應該想想如何負起責任，選擇把自己的錢放去哪裡。我們實際上是有很多選擇的，而我認為，以太幣絕對會是非常值得考慮的選項之一。

◆ 跳出框框重新思考

有些人會說，「Raymond，我覺得你說的都很有道理，但以太幣感覺還是風險很高、很可怕，讓人不放心。抱著法幣好像還是比較安全、安心」。對於這種情況，我覺得還是跟大家的習慣有關。

從出生到長大，包括我在內的大多數人都對法幣用得很習慣了，不會去思考背後的邏輯，因為這不是眼前最重要的事情。像我可能專注在如何打牌可以贏更多的錢，滿多上班族則是在意什麼時候加薪、年終領多少，或是應該買哪支股票賺個一波。

因此，一般人腦中自然形成「錢＝法幣＝價值」的「法幣本位思維」，於是什麼都用法幣計價，也把持有法幣——不論是抱著現金或是存進銀行——當成理所當然的常態，覺得這樣做沒有代價也沒有風險。有些人甚至會覺得，如果要拿法幣換成其他資產「做投資」，好像是脫離常態、沒事找事。

這就跟我們滿多人一想到搭飛機、跳傘、潛水、攀岩之類的活動，會覺得很危險，好像事態隨時可能失控一樣；但想到騎摩托車時卻覺得還

算安全，至少不會讓人怕到不敢騎上路。然而，真的是這樣嗎？如果從意外喪命的機率來看，你覺得這些活動由高到低應該怎麼排？

實際上，根據統計資料來看，騎摩托車（1 百英里）出事死亡的機率是 1/26,000，跳傘是 1/100,000，潛水、攀岩分別是 1/200,000、1/320,000，搭飛機（1 千英里）更只有 1/3,330,000。騎摩托車其實是這些活動裡面最危險的，大概比跳傘還要危險 4 倍、比攀岩危險 8 倍，但因為我們常常接觸，反而對騎摩托車感覺最放心。

那怎麼做可能是比較好的方式？我覺得還是要回歸到理性判斷期望值的機率型思維來看。很多時候我在講買幣或投資的邏輯，會說「這個風報比不錯」或是「這個風報比不好」，而風報比就是賠率的問題。如果說某個幣有 50% 機率下跌

一半，但有 50% 機率上漲 4 倍，對我而言，這個幣的風報比就稱得上非常划算。哪怕它有一天可能跌掉一半，我現在做的決定也是正期望值的。

所以，我對於資產配置的心態建議，第一個就是開放性，要敢於跳出框框重新思考。不管你今天要不要買以太幣或是其他加密貨幣，我都希望你能花一些時間去瞭解這是怎麼一回事。

開放性並不是說，你聽了我或哪個名人、大師一講以太幣或某個資產的前景看好，還沒有去搞懂他們為什麼看好就馬上去買。開放性是說你打從心底拋開成見與偏見，去瞭解這些東西的利弊，再做出你的判斷，也許你研究之後推導出的期望值低於你的標準，或是沒 fu，這樣也很好，並不是說一定要進場才是對的。

我們可以看到，投資以太幣或任何東西都一定會有風險，但這種冒險不是賭博、碰運氣或心

存僥倖，而是冷靜分析、大膽決策、紀律落實後的結果，目標就是提高勝率、降低賠率。

在出手之後，滿多人會犯的錯誤是憑結果論英雄。如果賠錢了，就認為自己之前「正期望值的判斷」有問題；反之賺錢了，不論是不是矇到的，就以為自己很厲害。但這就是二分化思維的問題。

我們應該做的是仔細檢視之前的投資決策與執行有沒有問題，假如推論、判斷的過程都是合理的，那問題不是出在正期望值，而是出在數學波動——俗稱「運氣」——下一次若遇到相同的情況，還是要採取同樣的作法；但如果發現過程有漏洞，就要想辦法補強。如此一來才能持續精進自己的判斷力。

2 小資入場以太幣，怎麼做？

你不需要擔心 1 顆多少錢這樣很貴，你只需要搞清楚自己願意投資多少就好。以太幣沒有一定要一次買 1 顆，你要買 0.01 顆也完全可以，任何金額都能參與。更重要的反而是幣價下跌的時候，你能扛得住、照常生活不受影響嗎？

♦ 「定期買、不要賣」就對了

對於小資族進場以太幣，我歸納出來的根本策略，就是「定期買、不要賣」。這個方式是我認為散戶最有可能存活又可以參與以太坊成長的策略。它雖然不會讓你吃到整條魚，但會讓你在不懂艱澀技術細節的情況下吃到很多魚肉。你也不需要每天盯盤看價格，不至於影響生活品質。這個策略類似定期投資台灣 50，一個非常 80/20 的投資策略。我會建議散戶不要去玩合約、不要開槓桿，這些還是留給專業的交易員玩吧！

你可能想說，Raymond 是不是在開玩笑？策略就是這麼簡單而已？對，方法真的就這麼簡單，沒有什麼複雜的炫技操作。不過，如果真的要徹底落實，其實非常困難。

當幣價波動或是傳出一些負面消息，媒體再

大肆報導、渲染的時候，大家總會開始不安，甚至可能吃不下飯也睡不好，結果很快就被洗掉了。我也看過不少人高估自己對於下跌的承受度，買的時候說跌 90% 都不怕，心裡準備好了，結果進場後跌 30% 就受不了了；或者，已經訂好目標要抱著 1 年，但遇到連續下跌 1 個月就脫手賣出。對於剛進幣圈的人來說，我能理解這種心情。但為什麼會感到不安呢？這可能有幾個不同的原因：

首先，**沒有搞懂以太幣究竟在幹嘛**。你可能只是覺得「好像可以賺好幾倍」、「聽起來未來都要靠它」、「好像不買就會錯過這個波段」，於是抱著投機的心態進場。你講不出來為什麼這麼多人看好以太幣，又為什麼它很可能在未來的世界扮演不可或缺的角色，所以波動一來就很難扛得住。

再來，**沒有想清楚自己買以太幣的目標與期程**。你今天買了 1 萬元的以太幣，是希望漲到 2 萬或 3 萬元的時候出場，還是你看好以太幣會衝到 10 萬元，打算長線放著呢？以我來說，因為我對於目標跟操作的時間長度非常肯定，所以過程中無論價格漲了 30% 還是跌了 30% 都會抱著，不會賣掉換成美金或新台幣。如果說，眼前這一條道路最終會通到羅馬的話，中間踢到幾顆石頭又如何？頂多鞋子踢髒了，把石頭踢開後繼續走下去就是了。

第三，**太過習慣股票漲跌的樣子**。以太幣是完全不同的怪獸，畢竟以太幣的市值對比整個金融體系是非常小的，因此它的漲幅也會令人非常不習慣。比如說，你一般不會看到台股大盤一天跌 10%，但以太幣一天跌個 10%，其實也蠻常發生的，但我不會因為這樣就改變了長線的目標。

最後，**沒有做好資產配置，釐清真正的風險**。我一再強調要把加密貨幣視為「資產配置」的一部分，並搞清楚自己可以承受多少風險。大家通常只看到某個加密貨幣風光的時候漲個 5 倍、10 倍，卻沒有想到它慘的時候可能直接跌個 50%、90%。所以當以太幣下跌的時候，很多人就會很慌，覺得是不是要撤了。

　　但任何東西都是兩面的，就像交女朋友，你不能只想要她的好，但她的缺點都不要，這樣你很難找到好伴侶。同樣的道理，非常有潛力的科技股通常也會伴隨比較大的波動。任何一種投資都需要獨立思考、理性判斷，想清楚後就不會盲目害怕了。

◆ 操作不是多多益善，你玩不過 pro 級的

為什麼我會建議小資族入場以太幣，要抱持長線投資的心態呢？因為對於一般的投資人而言，長線投資通常更為適合。畢竟大多數人都要上班，沒有時間可以超級深入研究或時時刻刻盯盤，而且三不五時就看幣價上沖下洗，對心理一定很不健康，非常可能會影響生活品質，反而得不償失。

而且我認識許多非常厲害的交易機構跟交易員，他們都是用程式做量化交易、用 AI 做策略建構。他們有些極短線的操作是以毫秒來計算的。說真的，你認為開開卡丁車就可以下場跟賽車手比賽嗎？還是打一個暑假的籃球就可以打 NBA ？同理，買一些技術分析的書、看一些相關的 YouTube 影片，也不會讓你戰勝這些專業的交易員。

美國的全國廣播公司商業頻道（CNBC）曾在 2021 年上半年針對 750 位加密貨幣投資人進行調查，結果發現其中三分之一的人幾乎搞不清楚加密貨幣是什麼，只是害怕錯過大賺的機會就進場。結果呢？當幣價下跌的時候，很多人的身心健康都出問題了，陷入失眠、焦慮、憂鬱等痛苦之中。

　　請務必看清楚，所有的媒體新聞都會跟著幣價波動，都是會讓散戶容易犯錯的刺激。保持一個長期持有的心態，你的容錯率將大幅度提升，這種心態可以說是個保護機制。

　　如果要入手以太幣，我建議決定好資產配置百分比後定期定額進場，然後設定好投資期間，例如以長抱 3、5 年為目標。這段期間偶爾關心使用人數、應用創新、市值、其他競爭公鏈的發展等基本面就好，除非基本面出現明顯不利的變

化，否則千萬別因為幣價短期波動就忙進忙出。

　　以我來說，假設預期 1 顆以太幣在 3 年之後的期望值會遠遠超過法幣，那在期限來到之前，就算以太幣價格下跌也沒有關係。相反地，如果我設定好了目標，遇到價格下跌就浮現想要賣掉的念頭，那我就該檢討自己原本的判斷是怎麼回事，或者我原先判斷的依據是不是有什麼地方出現了改變。

　　請務必記得，以太幣還有非常巨大的成長空間，此時此刻參與都還算很早，不需要著急。想想看，如果未來 1 顆以太幣會到 1 萬美元或 2 萬美元，現在 1 顆 3 千美元你就很急，老實說即使先準備個一陣子，買到 1 顆 5 千美元也沒有差，因為從 1 顆 2 萬美元回頭看，真的不差這 2 千美元。所以，功課做好、心態準備好，要衝再來衝。

　　至於你設定的期限到了之後，什麼情況下應

該賣掉以太幣？這個問題只有你自己能回答。如果獲利的金額已經可以改變你的生活，比如還掉所有的學貸或是房貸，那可能會是一個好選擇。我個人的看法是，未來幾年陸續會有更多東西可以直接用以太幣支付，那到時候或許就不用賣掉它了。

◆ 轉換指數型思維

要踏入幣圈，「指數型思維」也是很重要的一環。一般人大多想的是現在職位的薪水是 4、5 萬，要如何升到主管變成 7、8 萬。但其實只是「上班、存錢」，都不會改變大局，因為薪水增加後你的物欲也會增加，賺越多花越多，有些人甚至支出超過他的收入。這就像是你想打開上鎖

的盒子卻不去找鑰匙，而是拿著一把螺絲起子亂鑽，你再用力都打不開。

要跳脫遊戲，一定要找出另一個收入來源，而且有機會可以放大倍數成長。什麼意思呢？就是說，你有生活支出要付，沒關係，就繼續上班，但是下班之後可以利用時間去創造另外一個生意、另外一份收入。

其實很多撲克玩家都有正職，回家把小孩哄睡之後，利用晚上 9 點到凌晨 1 點的時間打線上撲克。在過程之中慢慢變強，一開始可能賺點零用錢，到後來發現撲克收入已經超過現有的工作，存好 6 個月的支出之後，就轉變成職業選手；當他成為職業選手之後，可能又會投一些資產到以太幣、比特幣，讓這些東西幫助他提升收入。

你要找到一件自己喜歡做的事情，把這個事情變成一門生意，讓它發芽長大，才有機會長成

一棵大樹。所以每天下班,加減澆一點小水,可能不會在幾個月內發芽長大,但是經過一段時間之後,一定會有成果。

然後,你要敢跳脫框框、熟悉幣圈的新標準。在傳統金融活動中,賺個 10%、20% 就很不簡單、很讓人開心了。但是在幣圈的可成長幅度非常大,現在看起來像是詐騙的利潤,是因為加密貨幣還算處在非常早期的發展階段。因此,我強烈建議應該調整以往的習慣,轉換成指數型思考,不然看待新的機會時,就很容易懷疑「怎麼可能有這樣的獲利空間」而直接忽略錯過了。

♦ 別玩自己輸不起的資金

也有的人會問我:「Raymond,我想要進場

以太幣，你覺得我應該投入多少資金？」這個問題我沒辦法回答你，因為我不清楚你的狀況跟風險承受度。不過有一個準則，就是你絕對不能投資一個你輸不起的資金。

什麼叫做輸不起的資金？如果你投入了某個金額或總資產的某個比重，當這筆錢出現波動時會讓你晚上睡不著、情緒受影響，不管這個標的有多好，這筆錢對你來說就是太大了，這就是很壞的投資，需要你去減碼或是直接撤出。

你要認知一件事情，不管以太幣的未來展望看起來有多麼棒，「投資」這種東西跟打牌一模一樣，非常講究個性，並沒有什麼所有人都一體適用的絕招，這個根本的概念會勝過任何策略。一個所謂的「好」策略交給個性不適合的人去使用，就不再是一個「好」策略了。你必須要知道自己的個性是什麼樣的屬性，再找一個舒服的投

資方式，而不是「某個人說了什麼，我就跟著他操作」。

如果一個人考慮過、嘗試過不同的投資，但他發現自己的個性就是非常適合把錢放在銀行定存，雖然他知道會被通膨吃掉，但他還是覺得這樣比較安心，那也沒有任何不對。

你賺的錢是你辛苦得來的，你獨立思考後去判斷好壞，然後再去為你的資金做決定、百分之百地負責，這都理所當然，沒有人可以說「你的錢一定要放到高風險、高報酬的地方」。

然後，請千萬不要借錢投資以太幣。不對，應該是不要借錢投資任何東西（好吧，房地產貸款不算）！借錢會有壓力，價格下跌的時候，更容易因為壓力大而犯錯。我認為我不需要多解釋為什麼，just don't。

最後，你也要認清，以太幣是有可能歸零的。雖然我認為發生的可能性是微乎其微的黑天鵝事件，但是就像新冠肺炎疫情爆發之前，誰能預料到會出現影響這麼巨大的事件？有的人運氣很不好，明明事前詳細規劃過了，才砸下一大筆積蓄去開餐廳、開健身房，甚至還貸款，沒想到剛好疫情一來，原本的計畫完全被打亂，只能賠錢收場。

所以，你也需要設想一下，要是真有這麼個萬一，讓你投入的資金血本無歸，你有沒有辦法繼續過日子？雖然遇到這種打擊，沒有人會開心，但是如果你的這筆投資不幸歸零了，你還是能夠保持健康的生活跟情緒，那麼這樣的資金規模會是合理的。

◆ 小白起步有點挫，怎麼辦？

　　若要細談具體的以太幣配置比重，以我個人來說，在研究了這麼多、看過這麼多人的見解之後，我看好接下來的十年內，相對於股票、房地產等，投資以太幣、比特幣和其他幣圈資產會是更好的選擇，所以我配置了很多部位。當然，我已經先為平日生活做好準備了，不會因為幣價短期下跌而生活出問題。

　　不過，對於剛接觸加密貨幣的人而言，all in 閒置資金不是明智的選擇。因此，開始的時候先投入一些閒置資金或是配置總資產的 1～2%（這個比重也是達里歐、米勒等投資大師所建議的），讓你的投資組合裡有一點以太幣或比特幣的部位就好了，這樣會比較安全。

　　就像《黑天鵝效應》（*The Black Swan*）的作

者塔雷伯（Nassim Nicholas Taleb）談比特幣時講的「skin in the game」：你只要買了，不管買多少，就等同參與了這個遊戲，自然會開始研究它，然後你會產生不同的想法，也越來越老練；當然，也有可能你買了一點之後發現不適合自己，但這也是一個收穫，讓你可以把心力放到其他地方。

除了先少量買進以太幣之外，還有另一種作法有助於克服踏進陌生幣圈的不安，那就是購買穩定幣。例如 USDT 跟美金掛鉤一比一，很容易在台灣的加密貨幣交易所買到，當你持有 USDT 後再投入 DeFi 的銀行或是交易所內的理財商品，就可以像存款一樣領利息，而且利率通常會比實體銀行給的還要高許多。這裡補充一下，USDT 是目前流通量最大的穩定幣，第二的 USDC 也很普遍。

基本上，穩定幣的幣價不會隨著以太幣、比特幣而波動。購買穩定幣很像用新台幣買外幣放定存一樣，符合滿多人熟悉的投資方式，以接觸加密貨幣的第一步來講也算是不錯的開始，你可以等到越來越暸解幣圈生態之後，再考慮是不是要投資以太幣或比特幣。

　　不過，雖然穩定幣掛勾某個外幣，但它還是一樣會有匯差的風險以及發行公司倒掉的風險。當然，發行公司倒閉的機率很低，在投資幣的人大多都會持有 USDT、USDC，不會特別去擔心。只是我還是必須提醒大家，風險不是 0，所以入手前務必規劃好資產配置。

3 改掉追逐輸贏的
短視心態

想要長線投資，不能只靠嘴巴上說「我要有
決心」。你要認清楚一路上可能造成阻礙的
心態是什麼，把問題釐清之後，再用適當的
方法去因應，才能走得遠。而我認為，過往
德州撲克對我的鍛鍊，應該可以帶給你滿好
用的經驗當成參考。

◈ 面對起伏，先學會情緒控管

　　這裡我想進一步談一下「輸」這個概念。很多人所謂的「輸」就是「2、3 個月前買，但現在帳面跌」，但這是投資心態還不成熟的想法。一旦這樣去想，即使以太坊的基本面還是很好，自己也不缺這筆錢，但只要幣價下跌個幾天，就會覺得自己一直在輸，然後就撐不下去了。

　　我跟大家分享一下過去我在德州撲克中如何面對挫折。我職業生涯早期的幾年對自己的情緒控制非常差，雖然我打牌打得不錯，但可能因為某一個玩家運氣很好幹掉我一把之後，心情就受到嚴重影響，導致我在牌桌上有負面的表現。

　　例如，我可能連贏了兩個月，從 1 百美金開始贏到 6 千美金或 2 萬美金，但只要一把很關鍵的牌輸了，我就整個不爽到失控，亂拚到一個晚

上就破產，這些經歷我在前一本書《致富強心臟》都有寫過。我因為類似的狀況，總共破產了九次後才完全克服，但我究竟是怎麼調整過來的呢？

很多人以為職業牌手不能有情緒起伏，也不能有感覺，應該要完全用數學、電腦的方式面對每一把牌、每一個輸贏，但我認為這是完全錯誤的。因為身為人就是會有情緒、喜怒哀樂，如果現在要你將情感完全切斷，這完全不科學，也違反人性。

我認為比較好的做法應該是「去跟情緒相處」。比如說，現在我打一把牌不爽了，負面情緒把腦中的小惡魔召喚出來後，我可能會問候小惡魔幾句，然後跟他說「沒事了」，而不是讓他要我做什麼、我就做什麼。

相反地，當我們「贏」的時候，頭腦裡也會有一個小天使出來說「你最厲害、好屌、沒有人可以打得過你」，這時可以告訴他「沒有啦，只是現在比較順，我們要保持謙卑的態度」。該如何跟你心中的小天使與小惡魔共處，會是在你的投資路上一個重要的環節。

♦ 輸不重要，知道為何輸才是關鍵

從心理學來看，人類對於「輸」這件事，本質上會認為好像有什麼東西不太對勁，也就會形成「輸＝做錯什麼事＝不好的結果」的連結。每一個人都希望做了某一件事情能得到好的結果，所以大腦也會本能地做這件事，並避開「輸」的情況。

因此，在投資的世界裡，我們看到下跌就想到「輸」，然後就會自然認定這個狀況不對、不應該是這個樣子。此時也會出現一個有趣的現象：多數人都會認為這種結果一定是某人做錯事害的。總而言之，最後都會找藉口認為自己是無辜的、運氣不好，並推卸責任。

　　推卸責任本身就是一件簡單的事情，如果要承認自己有錯，自己首先會感到不舒服，但此時若說「就是某人害的」或「那個人就是很走運」，就可以讓我們很輕鬆地放過自己。

　　不過，我認為想要獲得成功，就必須在每一次的失敗之後，率先檢討自己，而不是先去怪別人或怪環境。在我撲克生涯十幾年下來，過程中曾經歷不少次連續一、兩個月輸不停的暗黑時期，那種情況就跟以太幣或比特幣的價格大跳水

差不多。那時的感覺就是做什麼都不對，好像老天要把我打趴一樣，讓我陷入深度的自我懷疑，甚至因此去看風水。但我後來終於明白，雖然每一次低潮都覺得自己運氣很差，但是最終走出來後，我發現都是因為自己在策略層面有缺點才會一直撞牆，而不只是運氣。

那我們又要如何知道自己哪裡有問題？我發現如果只是自我審視，一不小心就容易自我催眠，說服自己沒有問題、有問題的都是其他人或是外在環境。在這種心態下要保持客觀很難，所以我會去找第三方的人來幫忙，例如花錢請教練來鑑定我打牌的邏輯有沒有問題。透過旁觀者，我們比較能清楚找出自己的誤區，再進一步加以改進。

差不多十年前，一位撲克天才班‧薩爾斯基

（Ben Sulsky）曾說過，「Variance is statistics taken personally（波動是你把統計數字個人化了）」。因此，「輸」這件事其實是你把機率個人化的一個結果，也就是說你把自己看得太宏偉了，其實數學沒有在 care 你，你卻對號入座；波動是自然產生的，沒有分你我，而你自己頭腦裡面對於運氣的情緒是完全主觀的。大家可以好好思考這句話。

♦ 非贏不可？不如少輸為贏

雖然我們盡量找出問題、精進自己，但難免還是會遇到運氣很背的情況，讓你很不甘心，想要把錢凹回來，這種時候該怎麼辦？我認為把時間拉長一點去看會很有幫助。以我打德州撲克的

經驗來說，職業生涯打過上千萬把牌，很多的研究也顯示，如果方法正確，只要牌打得夠多，期望值都會是正的。

我能理解多數人常常以一天為單位，起床就是開始，睡覺就是結束，因此很多人在打牌或投資的時候會認定今天的目標就是贏錢，沒有贏就覺得是失敗。當我們很習慣以一天做為一個單位，我們就會看得很短。

但如果你非常瞭解不論是打牌、股票或是以太幣投資都需要看長線，要以半年、1 年甚至 3 年為單位，那麼不順的時候你就可以靜下來想一想：「你是不是只是想要讓今天的自己感覺舒服一點？但這是對的嗎？」其實「輸」是很正常的事情，不論打牌、做股票或以太幣交易，或是玩 NFT，輸是一定會發生的，沒有輸，哪來的贏呢？輸了不代表你一定做錯，贏了也不代表你一

定做對，這些輸贏都只是必經之路。

因此我在後期打牌的時候，轉為把關注焦點放在「我今天打得如何」，而不是「我今天有沒有贏」。即使今天結算下來輸錢，但只要對今天的表現覺得滿意，我就是贏；相反地，如果我今天打得不好卻贏錢，我心中會認為只是僥倖，而這才是真的輸。當大家去訓練自己在操作時，不被輸贏跟情緒牽著走，我認為這是一件很有價值的事。

這裡還可以分享一個重要心態：當你在輸的時候，也可以改變「一定要贏」的目標，轉為跟自己說「少輸就是贏」。當我們身陷逆境，誰可以穩住自己的心態，並穩住自家的策略與動作，這就是一個普通水準的玩家與一個頂尖高手的差別所在。

同樣的道理，遇到幣價比較不理想的時候，與其一直擔心要做些什麼操作，不如把焦點放在研究新的項目或是更深入瞭解以太幣。人們總是太習慣地認為，好像「有做什麼」就會得到一些結果，但是在市場不好的時候，沒有動作往往就是最好的動作。

　　說到底，你會發現人生不是只有這些輸贏，它們只不過是其中很小的一部分而已。當你把這些輸贏看清了，你會發現它們也只是錢的增減，而錢在整個人生旅程中並不是最重要的事情。這個時候我們不如反觀自己的人生擁有什麼，你將會有完全不一樣的視野，同時也會讓自己倍感幸福。

　　雖然以上這一切講起來很簡單，但我知道實際做起來非常的難。不過，我是做過的人，也已經做了十幾年。相信我，只要你持續朝著正確的

方向前進，你一定也能通往不一樣的境界。

◆ 把自己可以控制的事做到最好

接下來，我再換個角度談一下輸贏。很多人會說「你吃什麼你就是什麼」，而我認為「你講什麼你就是什麼」也同樣說得通。因此，如果你常常把輸跟贏掛在嘴邊，跟別人說「我今天輸」、「我今天贏」，你的頭腦也容易不由自主地陷入結果論的思維之中。

我從德州撲克中學到的另一個寶貴經驗就是，選手應該專注在「我如何去控制自己能控制的事情」，而不是一直想著去控制身外之物。比如我今天打牌控制不了怎麼發牌，但如何打、做什麼決定就是我可以控制的。

就以太幣來說，不少人容易把太多的焦點放在不適合的地方，像是一直去想「V神打算怎麼推動升級」、「以太坊會不會被其他公鏈取代」，或是「政府接下來到底會制定什麼政策來因應以太坊的發展」。如果你是學者、研究員，當然可以去觀察思考這些問題，但若你是一個投資者，而且是個散戶，花很多時間研究很多自己無法控制的事情，會有很大的幫助嗎？

每個人的心力有限，時間也很寶貴，與其花力氣在無法控制的事情上，不如專注在重要且可控的事情上面。實際上，我們能控制的就是「要不要買、買多少、什麼時候賣」，或是「出事了有沒有辦法應付」之類的問題，這些才是應該優先投入心力的地方。

4 從「這」開始以太幣投資

開戶入手以太幣，乍看之下好像很難、很麻煩，但你只要試試看就會發現其實比想像中的更容易。更何況，如果以太坊已經跟 IG、Facebook 一樣簡單便利了，那就代表已經非常成熟普及了，這樣還能有多少成長空間？

◆ 幣圈新手，從數位交易所起步

　　加密貨幣主要在兩種地方交易。第一種就是它原生的環境，也就是區塊鏈上。這個操作起來相對複雜，需要特定的錢包，手續費（gas fee）也貴很多，比較不建議新手去用。第二種就是在中心化的加密貨幣交易所，你可以把它想像成大家所熟悉的證券交易所。交易所的操作簡單、手續費便宜，速度也快，用手機 app 就可以輕鬆買幣，非常適合新手起步。

　　打個比方，你可以把每一個區塊鏈都想像成一座島嶼，其中，以太坊是第二大島。不過，這些島嶼互不相通，而加密貨幣交易所就像是很大的中轉站，在多個島嶼之間提供大型的海上平台，做為大家進行交易的市集。

　　交易所會幫忙保管你的以太幣，比較沒有詐

騙的風險，你會輕鬆許多，並且有時間去摸索其他資料。即使你的密碼被別人知道，交易所通常也會開二級驗證碼，因此別人想偷走你放在交易所的幣，其實有點困難。就算真的被盜，也可以打過去請客服幫忙凍結資金，不讓對方轉出去。

或許有些人會說「別放在交易所，放在上面不安全」，但我認為這樣講太誇張，大型的交易所要倒閉，屬於黑天鵝事件，被駭客攻擊是少數中的少數，不應該過度擔心。我自己也放很多錢在交易所裡，我不認為是危險的。

在台灣，如果要選擇可以新台幣入金的交易所，只要挑前幾大的都不錯，像是ACE王牌、MAX等，它們都有買賣以太幣、比特幣、USDT等主要幣種。你可以申請帳號後綁定台灣的銀行帳號，直接從銀行帳號轉新台幣進去，再購買以太幣，作法就跟你透過銀行買美金、買日圓差不多。

我個人覺得 ACE 王牌交易所最近在用戶社群互動非常用心。ACE 的創辦人潘奕彰老闆相當支持台灣的各大 NFT 項目，人也很大方、熱情。他們有經營一間NFT專屬酒吧，常常協辦NFT線下活動跟用戶交流，Phanta Bear 的線下活動就是在那邊辦的。除此之外，ACE 在北中南都有實體店面，用戶如果對於開設帳戶或是幣的買賣有問題，可以直接到現場請工作人員協助，非常方便。未來 ACE 也會舉辦多場區塊鏈科普、DeFi、NFT、理財商品等的課程講座。

　　台灣交易所的優點是方便新台幣出入金，擁有台灣銀行信託以及符合台灣法規，但是幣種多寡跟交易量會比跨國交易所小。跨國交易所適用的規範則依公司的註冊所在地為主，出入金都需要匯美金。我本人是兩種都有使用。

◆ 使用國際交易所探索幣圈

我挑選國際交易所也是秉持相同的原則，優先考慮全球交易量最大的前幾名交易所，像是 FTX、幣安、Coinbase 等。其中，我個人非常推薦 FTX 交易所，它在 2019 年成立，成長速度飛快，短短不到三年的時間，已經成為全球前三大交易所，可說是幣圈裡的一匹黑馬。

FTX 交易所的 slogan「Built by traders, for traders」完全反映在它的產品面上，基本上各種大幣小幣，任何你想得到或是想不到的加密貨幣衍生品都可以在 FTX 找到。FTX 交易所的 app 是 FTX Pro，官網為 FTX.com，它是我每天生活的必需品，相當推薦！另外 FTX 還有一個資產管理工具 app 叫做 FTX app，是收購了 Blockfolio 之後改名的，它具備簡單的交易功能，也可以看新

聞跟追蹤幣價，比較適合初學者，我個人則沒有使用。FTX 的交易撮合引擎寫得非常好，比如幣價大跌的時候，很多交易所都會突然斷線，但是FTX 每次都很穩定。

在品牌打造的部分，FTX 交易所也無所不在。除了把 NBA 邁阿密熱火隊主場冠名成 FTX Arena 以外，他們也簽下了美式足球巨星布雷迪（Tom Brady）、巴西超模吉賽兒・邦臣（Gisele Bündchen）以及 NBA 巨星柯瑞（Stephen Curry）做為全球品牌的代言人。

FTX 的領導人班克曼弗瑞德（Sam Bankman-Fried，幣圈簡稱 SBF）可以說是整個幣圈裡最紅的人物之一，他在 2021 年才滿 29 歲，但是身價就已經擠進富比士排行榜。他小時候就很想致富，從麻省理工學院物理系畢業後進入華爾街當交易員。由於覺得其他交易所都有可進步的空

間，他決定跟一群交易員朋友開創自己的交易所：FTX。最有趣的是，SBF 賺錢只有一個目的，就是要全部捐給慈善機構，因此他被媒體譽為「世界上最慷慨的億萬富翁」。

我必須說我是 SBF 的鐵粉！他的所有 Podcast 跟訪談我全都看完了，而他旗下還有一間加密貨幣量化交易公司 Alameda Research，更是我定期追蹤投資動向的參考依據，因為他們的交易邏輯跟策略都非常值得學習！FTX 交易所也有自己的 Podcast「The FTX Podcast」，非常推薦大家收聽。

◆ 開設狐狸錢包，千萬不要……

一旦你把以太幣放到以太坊上，這個動作就稱為「上鏈」。最多人使用的是俗稱狐狸錢包的

MetaMask，我以下也會用它來說明。在以太坊上，你需要對自己的錢包負 110% 的責任；也就是說，雖然沒有人能封鎖這個錢包，但你一旦遺失密碼，沒有人能幫你找回來。這跟你遺失提款卡可以帶身分證去中國信託重辦，完全是兩回事。

當你開設狐狸錢包的時候，你會獲得兩把鑰匙——其實就是兩組數位代碼——一個稱為「私鑰」，另一個則稱為「公鑰」。公鑰是一大串 0x 開頭的數字，你可以把公鑰傳給別人，讓對方轉幣或是 NFT 給你。公鑰就像是你家的地址或 email 信箱；但私鑰就不一樣了，我要大力強調，你的私鑰千萬千萬千萬要保管好，不能讓任何人知道，一旦洩漏出去，對方不管在世界的哪一個角落都可以把你的錢包瞬間清空。即使報警，基本上也追不回來。私鑰就是你家保險箱的鑰匙！

進一步來說，私鑰是一組運用 SHA256 概念的密碼，以目前的電腦科技還無法破解。由於 256 位數太長，所以為了方便記得，系統會轉換成 12 個英文單字，俗稱「seed phrase」或是「助記詞」。只要擁有這 12 個字，就可以完全掌控狐狸錢包裡面的資產。你如果換電腦或是換冷錢包（後面會再說明），只要輸入這 12 個字就能復原狐狸錢包。

　　不過，你在註冊 MetaMask 的時候，還必須另外設定一個登入密碼。這密碼跟助記詞是完全兩回事，它只會跟著你的個別設備。也就是說，你如果換了一台筆電，輸入助記詞復原錢包，你需要設定一個新的登入密碼，之前筆電的密碼則用不上。不論如何，私鑰才是最重要的，如果私鑰外洩，就算你保護個人的登入密碼也沒有防護效果。

很多新手註冊時看到這 12 個單字，會直接截圖下來存在電腦上、手機裡，甚至寄到自己信箱或放上雲端。這是大忌、大忌、大忌！當你一旦這樣做，你的錢包就不安全了。這個私鑰是一秒都不能存在電子空間裡的。存在電子空間就表示駭客有機會可以取得。如果電腦裡面有隱藏的病毒或是木馬程式，那就沒救了。

　　那要怎麼做才可以確保安全？你只能把助記詞寫在紙上，然後把紙收到保險箱裡面。或者，你也可以把助記詞刻在鋼板上，然後鎖進保險箱。我本身就有這樣的鋼板，它非常堅固，不會毀損。

　　另外，我個人還會使用一台獨立的電腦，專門交易加密貨幣，這台電腦不會安裝任何多餘的程式，除了上鏈之外的其他時間也不會上網，更不會用來做任何瀏覽或其他的使用。

我每天都聽到有人私鑰被盜、錢包被掏空，這就像 90 年代 email 剛興起的時候，當時 email 帳號裡九成以上都是詐騙。我知道以上這些感覺很複雜，但是你也不要因為聽起來很麻煩就卻步。其實真正去用一次，就會發現並沒有那麼困難，網路上都有很多教學影片。而且正因為它麻煩，才反映出現在還是很早的荒野時代。如果弄一個區塊鏈錢包跟申請 IG、Facebook 一樣簡單，那我們就是末班車了！

◆ 詐騙手法推陳出新，小心才是王道

　　由於區塊鏈還處於超級早期，詐騙的手法層出不窮，而且每天都有新的方法，因此需要加倍小心。以下我們來看看幾個常見的手法：

首先，很多人在這個世界都會去加一些官方的通訊軟體的討論群。日常生活中大家習慣用LINE，但是在幣圈，大家會用 Telegram 跟Discord。如果你在群裡問客服問題，你就會馬上收到自稱是交易所客服人員的訊息，詢問你有什麼問題是他可以幫上忙的。你可能不疑有他，告訴對方你碰到的困難，對方會說「沒辦法把你的錢轉回帳戶，只能轉到你的狐狸錢包」，當你順著說：「好啊，那我該怎麼做？」他接著會要你的狐狸錢包 QR code，如果你真的給了，只要他一掃你就爆了。

　　再來，你也可能收到陌生人的私訊，對方說他願意用優惠的價格賣幣給你，或是要推薦一個報酬很高的投資方案。極端一點來說，對於任何私訊你的陌生人，你都要一律默認他就是詐騙。如果真的要買幣，最好還是遵循正規的管道，千

萬不要貪小便宜，因小失大。

　　此外，市面上還有非常多的假網站、假狐狸錢包。它們會長得跟正版幾乎一模一樣，通常給你的網址只會差一個英文字母，不仔細看根本不會發現，一不小心就上當了。所以，如果你要去某個 dapp 的官網，我會建議先到它的官方推特，複製上面顯示的官方網址，從這邊連結過去，再把這個連結加入書籤，方便日後再度造訪。我不建議使用 Google 搜尋，很容易點到冒牌貨。

　　最後一點非常非常重要，不要在任何任何任何時候，把你的助記詞輸入到任何網站或是錢包裡面。如果莫名跳出 MetaMask 叫你輸入助記詞才可以登入的訊息，那你一定點到了假的 MetaMask！

　　你唯一可以輸入助記詞的時候，就是當你換了新電腦，必須要復原錢包的時候；如果你在任

何其他情況下輸入，你的錢包 100% 會直接歸零。這個絕對不是開玩笑，請大家一定要記住這個鐵則。

我希望大家除了保護自己之外，也幫忙多多分享這些資訊，讓更多人知道任何不是來自官方的連結和訊息都是假的，不要輕易去碰。凡是遇到自動跳出來的網頁或訊息，又分不出來真假，內心就要響起警鈴，千萬不要點下去！請從確定沒問題的連結進入，或者你到群組問大家是否碰過同樣的狀況。確定沒問題後再點，安全第一！

• 遠離詐騙 3 守則

1. 助記詞只能寫在紙上或刻在鋼板上，小心收好，就是不要留在電腦或手機上。如果你不小心做過這件事情，建議你趕快換個錢包。

2. 不要連去任何奇怪的網站，比如說你要去 Uniswap 換幣，不要在 Google 搜尋「Uniswap」，因為搜尋結果很可能是假的網址。你應該去 Uniswap 的官方推特，再從它的官方連結過去，接著請書籤這個網站，以後直接透過書籤前往 Uniswap 就行了。

3. 任何你不清楚來源的私訊都是詐騙，沒有例外。

♦ 以太幣的進階保險箱：冷錢包

隨著你的資金規模越來越大，就算放在鏈上、小心詐騙，還是會擔心要是有個萬一怎麼辦。對於這種情況，我唯一推薦的是「直接使用冷錢包」。如此一來，只要保護好助記詞，你的以太幣就會非常安全。

什麼是所謂的「冷錢包」、「熱錢包」？熱錢包就是將私鑰存在瀏覽器裡面，「熱」的意思

是跟網路連結，而 MetaMask 就是一種熱錢包。「冷」的意思是你去取得一個類似隨身碟的東西，你可以把以太幣或其他幣存進去。每次你要使用冷錢包的時候，都必須先把它連上電腦，然後進行各種交易的時候，除了在網頁上確認一次之外，還必須直接用手再按一次冷錢包才可以同步。最普遍的冷錢包有 Trezor 跟 Ledger 兩種。

冷錢包的好處是私鑰只會存在 USB 裝置裡，它會有一個物理機制提供阻隔，避免私鑰直接連上網路。假設今天你買了很多幣，你可以從交易所提出這些幣，放到你的冷錢包，之後只要保管好私鑰，基本上不可能被盜。

當然，你的以太幣放到這個冷錢包之後，如果你開始玩各種屎幣、連各種奇怪的網站，你的風險又會變得非常高。因此，像我個人就持有八個冷錢包，每個錢包的安全等級都不一樣，有些

錢包放很多高價的東西在裡面，我就不會跟任何東西互動；有些錢包則是低安全性的，也就是所謂的屎幣錢包，我就會拿來做各種嘗試、搶各種公售 NFT。

♦ 做好自己的功課，不當伸手牌

還有人會問：「我剛進幣圈，但什麼都不懂，該怎麼學習？」這個階段的人面臨的問題是太多東西可以看，除了有非常多的網路影片跟文章去談「比特幣一定要買，因為是下一個黃金」，也有討論區塊鏈技術、以太坊技術、區塊鏈程式碼等等各式各樣的內容；如果你去搜尋 YouTube，資訊量又更多，根本不知道要從哪裡看起。

我早期投入比特幣的時候，試圖瞭解要如何去作估值。我當時想著要如何去認識比特幣的經濟模型、背後的邏輯，因為以前我做股票投資就很喜歡用價值的分析去看一檔股票，去衡量它的內在價值多少，並在市價低於內在價值的時候買進，高於內在價值的時候考慮賣出。我很習慣這樣的邏輯思維。

　　我剛開始想瞭解加密貨幣的時候，除了閱讀好幾本書跟好多篇文章以外，就是去 YouTube 上到處亂看，那時候根本分不清楚資訊的品質。但一、兩個星期之後，我就開始浮現一種感覺，可以判斷哪些頻道在亂喊數字，哪些又在專心認真地介紹項目跟背後的邏輯。

　　也是經過這樣的摸索，我找到了《比特幣標準》這本書。這本書從人類最早期的貨幣說起，包括貨幣、印鈔的影響，還有一個好的貨幣應該

具備什麼條件，總之一應俱全，而且是用奧地利經濟學派的模型解釋。不過，這本書可能會有一點枯燥，因為它寫得就像一本大學的經濟學課本，但是如果你真的很想瞭解比特幣，我會推薦大家去讀。

此外，我也建議「實際上去以太坊使用」。想要學習它、瞭解它，這會是很棒的方式。你只要用過幾次以太坊，就會知道原來這個東西是這樣的，然後發現原來以太坊比起銀行會有更多更好的效果，你也可以去小額買個NFT來感受一下這場革命。這裡我也提供幾個我覺得不錯的 YouTube 影片：

1. 如果想要理解技術性的內容，李永樂老師的影片都滿值得看的，他講解得非常好，新手也很容易理解。

2. Coin Bureau：會解釋很多項目的細節。

3. Insight 財經：專門講區塊鏈技術相關的東西，而且特別喜歡波卡鏈，如果喜歡波卡的人看這個也很 OK。

4. On Chain Gaming：如果對區塊鏈遊戲感興趣，可以看看。

另外，對我來說最好的東西還是聽英文的 Podcast，上面比較不會有那種年輕的小鬼去用情緒亂喊幣。在 Podcast 上，常常會是邀請幣圈大佬或是風險投資經理人來節目進行一小時以上的訪談，主持人用各種很尖銳的問題去問這些人為什麼會這樣思考，這也讓我的思想可以向他們靠攏。他們已經不是在報牌、喊價，而是在說為什麼看好這個產業、為什麼將資金投在這個項目裡，或是我們需要怎麼樣的思維來面對加密貨

幣、Web3.0，這才是所有資訊的價值所在。

　　以新手來說，我會建議大家把精神放在研究兩大幣種：除了本書談的以太幣之外，大哥比特幣也非常值得研究。你一開始接觸幣圈可能會覺得其他小幣很好玩，但是如果沒有搞清楚加密貨幣的本質，很有可能走歪路。我會推薦大家多聽一些 Podcast，多看一點書，加入一些交流群討論，然後不用跟沒打算跳出框框思考的家人或朋友討論，也不要常看主流的新聞跟媒體。我們要學會如何獨立思考，建構自己的策略，而不是誰帶上面的風向，我們的情緒就跟著走。因為加密貨幣每個月都在變化，因此保持一個開放跟主動的學習心態將會是這個領域的關鍵。

5 以太幣本位思維

「買以太幣做為一種資產配置」，我最開始
只是這麼想的。不過，隨著我對以太幣的瞭
解越來越多，我現在已經轉換成以太幣本位
思維了。聽起來也許有點難以理解，但歷史
上的每一次典範轉移，不都是從某個「不可
思議」開始的嗎？

◆ 最重要的一件事

　　對我來說，一個最終極的典範轉移是讓自己進入「以太幣本位思維」，也就是用以太幣來做為計價與資產增減的衡量標準，例如這個 NFT 是多少顆以太幣。一般來說，我們習慣的是「法幣本位思維」，以法幣當作計價單位，遇到什麼都換算成法幣來看，像是這杯咖啡多少錢、這張股票多少錢等等。如果一筆投資換算成法幣後的數字增加了，我們就覺得「賺到了」；相反地，如果換算成法幣之後的數字減少，我們則會覺得「賠錢了」。

　　對我來說，1 顆以太幣就是 1 顆以太幣，我看的是自己錢包裡的以太幣有幾顆，而不是拿去換算成多少美金或是新台幣。假設昨天我有 10 顆，今天變成 11 顆，就算今天幣價下跌 50%，我

還是覺得自己的資產增加了，因為我就是要讓我的以太幣不斷累積上去。

對於第一次聽到以太幣本位思維的人來說，常常會滿頭問號，心想：「Raymond 這樣講好像哪裡怪怪的，畢竟我們購買以太幣，難道不是為了抱著幾年，等到幣價大漲之後，通通換回法幣來使用嗎？」

你會感到奇怪，是因為你太習慣用法幣本位的框架去思考這件事。當日後以太幣越來越普及，許多地方開始可以接受以太幣付款的時候，我為什麼還需要換回法幣？而且，這個思維並不表示你不能換回法幣，只是直到那個時候之前，你的目標是以增加以太幣的顆數為主，而不是一直 focus 在今天等值多少新台幣或多少美金。幾年後你需要買房子時，要賣一些以太幣，沒有任何問題！

以太幣本位思維的邏輯不會適合每一個人，但是像我一樣用以太幣或是比特幣當作資產衡量標準的人，每一天都在增加。我們在鏈上操作一些項目時，也許是 DeFi、GameFi 或買賣 NFT，如果有獲利，我們會換成以太幣或比特幣。若是日後生活需要用法幣，我還是會換一些回來，但是主軸還是用以太幣本位下去累積。

　　最後，請記得，在長線投資以太幣，甚至是轉換成以太幣本位思維的過渡時期，一定會有各種起伏震盪，有時也可能面臨一段短時間內看不到盡頭的黑暗期。但就像是《峰與谷》（*Peaks and Valleys*）這本書所說的，人的一生會有好的時候，也會有不好的時候，基本上就會這樣循環。

　　當我們在山頂的時候，可能會過度自信，忘記了自己可能也是需要一點點的運氣才能走上來

的；當我們落到谷底的時候，又常常會陷入「我真的不行了」、「我是最弱的」的思維裡，但事實上可能是一些機率將你帶著往下走的。若是剛好碰到大盤下跌或是市場很冷的時候，你要認清這件事情你無法控制，但是你可以控制讓自己在這段時間裡充實知識跟提升思維。

對於陌生、不確定的東西感到緊張或是焦慮，這些反應都非常正常，但往往這些恐懼都是自己想像出來的。實際上，參與以太幣並沒有那麼困難，我也希望這本書能夠幫助你在近距離認識它。

請記得，人生最好的機會，都是留給勇敢面對新鮮事物的人。

See you on the other side!

國家圖書館出版品預行編目資料

以太，下一波贏家：第一本以太幣的投資專書 / 吳紹綱作.
-- 臺北市：三采文化股份有限公司, 2022.05
　面；　公分 . -- (iRICH)

ISBN 978-957-658-794-8 (平裝)
1.CST: 電子貨幣 2.CST: 電子商務 3.CST: 投資

563.146　　　　　　　　　　　111003466

◎封面圖片提供：
Adobe Stock / Andrey, MicroOne
zh.wikipedia.org, Ethereum Foundation
(CC BY 3.0)

suncolor
三采文化集團

iRICH 34

以太，下一波贏家
第一本以太幣的投資專書

作者｜吳紹綱（Raymond Wu）　文字採訪｜溫子玉
編輯四部總編輯｜王曉雯　專案編輯｜王惠民
美術主編｜藍秀婷　封面設計｜池婉珊　版型設計｜池婉珊
行銷協理｜張育珊　行銷企劃｜呂秝萱
內頁編排｜徐美玲　校對｜蔡侑達

發行人｜張輝明　總編輯長｜曾雅青　發行所｜三采文化股份有限公司
地址｜台北市內湖區瑞光路 513 巷 33 號 8 樓
傳訊｜TEL:8797-1234　FAX:8797-1688　網址｜www.suncolor.com.tw
郵政劃撥｜帳號：14319060　戶名：三采文化股份有限公司
初版發行｜2022 年 4 月 29 日　定價｜NT$450
2 刷｜2022 年 5 月 15 日

請從本頁右側沿邊緣割開

⌐→

加速入圈
超值包

加速入圈超值包

優勢人生 Crypto　**FTX**　**ACE** Exchange

FTX 客服　　官方中文
臉書粉絲專頁　　台灣官方交流
LINE 群

ACE 交易所客服管道

- 電話：(02)2570-0271（週一～週五，10:00-12:30，13:30-18:00）

- 文字：官網首頁 / 幫助中心的右下角點選「交談」
  （週一～週日、國定假日提供服務，10:00-12:30，13:30-24:00）

- 信箱：support@ace.io

suncolor

suncolor

suncolor